U0085214

思想觀念的帶動者

文化現象的觀察者

本土經驗的整理者

生命故事的關懷者

Psychotherapy

探訪幽微的心靈，如同潛越曲折逶迤的河流
面對無法預期的彎道或風景，時而煙波浩渺，時而萬壑爭流
留下無數廓清、洗滌或抉擇的痕跡
只為尋獲真實自我的洞天福地

The Induction of Hypnosis:
An Ericksonian Elicitation Approach

催眠引導
讓改變自然發生的心理治療藝術

傑弗瑞・薩德 Jeffrey K. Zeig, PhD——著

洪偉凱、黃天豪——譯

目錄

第一本也是最後一本：
神奇的艾瑞克森催眠寶典

蔡東杰

精神科醫師、華人艾瑞克森催眠治療學會創會理事長、
自信催眠師線上學習平台創辦人

我與這本書走過了神奇的八年。

拙著《催眠治療實務手冊》在 2014 年 5 月出版時，薩德博士
（我習慣稱他 Jeff，傑夫）來台北帶領大師督導班，而這本書正
是我送給他，感謝他十年來教導的禮物。傑夫也帶著他已經簽好
名字的新書過來，我立即翻開閱讀，感到熟悉又陌生，並且發現
我整本書的內容都被他送我的書，《催眠引導》（*The Induction of
Hypnosis*），所涵蓋了。當時真糗！很想告訴出版社，趕緊下架我
的書，換成傑夫的書。不過書已經出版了，當然沒辦法這麼任性地
下架。當時召集了夥伴們聯手翻譯《催眠引導》，希望盡快跟台灣
的朋友分享這本必讀的艾瑞克森催眠經典，很可惜我期待的事情過
了八年才發生。

學習艾瑞克森催眠從來不是容易的事，一方面艾瑞克森太複
雜，另一方面艾瑞克森習慣以「經驗性」的方式傳遞訊息，有點像
參禪悟道，只能意會不能言傳。我們很幸運有傑夫在，他是如此熟
悉艾瑞克森與催眠，用最淺顯易懂的方式介紹艾瑞克森視角的催

眠，而唯有這樣的視角，才能夠看懂艾瑞克森的催眠與治療。我特別喜歡這本書將達利與艾瑞克森對比的那章，兩位都是領域的創新人物（或可以稱為叛徒）。因為他們不受限於原本的框架，帶領著大家去到更高的視野，看到意想不到的境界。本書有不少獨特的觀念，或許對於催眠的初學者理解上需要一些心力，但相信我，一旦理解了艾瑞克森催眠，它就會變得平易近人。

傑夫以獨特的方式拆解艾瑞克森，使之成為可以理解與學習的小單元，並且指出可能的重組方式，如此一來，我們就可以依照適合個人的方式學習。如同書中傑夫提到滑雪的例子，教練教他先用機械式的方式練習基本動作，在透過練習而逐漸熟悉後，終於能夠流暢地享受滑雪的樂趣。

而學習艾瑞克森催眠當然不像滑雪那麼簡單，我們可以學習的觀念與技巧非常的多。本書的範圍包含了豐富的艾瑞克森催眠觀念與技巧，以我個人學習的經驗，「狀態」的現象學，以及營造一個特殊的體驗誘發個案改變，是非常重要的原則。身為治療師，對於催眠現象的敏銳觀察力，以及各種依法經驗性改變的技巧，是沒有止境的鍛練項目，不只學不完也永遠無法做到最完美，但這也成為我們可以不斷進步的動力。我在家族治療大師米紐慶（Salvador Minuchin）與完形治療大師波斯特（Erving Polster）的課堂上都聽過類似的說法。他們一開始都精準地練習各種基本技巧，直到完美無誤，就可以將技巧完全拋開，與案家或案主自在地以人對人的方式相處。本書就像《九陰真經》，有滿滿的寶藏，但你並不需要一下子全部挖掘出來。先找到適合自己的幾個，認真花時間練習，熟悉了就可以在臨床或日常生活中實踐。累積一些經驗後，繼續探索

新的技巧，相信你更能夠享受艾瑞克森催眠。

《催眠引導》是傑夫原本設定艾瑞克森催眠治療三部曲的第一本，第二、三本依序是《經驗式治療藝術》與《助人者練心術》，最後又追加了第四部《喚醒式治療》（編按：中文版將四冊合稱為「薩德談經驗式治療」系列）。但原文出版的時間卻是《助人者練心術》比《經驗式治療藝術》早了幾個月，而中文本的出版更是曲折，原本應該最早出版的《催眠引導》卻是好酒沉甕底，第一本也是最後一本。

薩德博士用好長的時間，以這本書回應艾瑞克森醫師對他的期許：「寫出一本更詳細、更組織完整的書取代這本書（艾瑞克森寫的催眠書）。」我要感謝兩位好夥伴天豪與偉凱，協助我與本書走過了神奇的八年。

心理學家麥可・雅普克（Michael Yapko）說：「每個人每年都應該重讀《不尋常的治療：催眠大師米爾頓・艾瑞克森的策略療法》，並且每次都要買本新書。」

我說：「每個人每年都應該重讀《催眠引導：讓改變自然發生的心理治療藝術》，並且每次都買本新書。」

成就更好的心理治療

黃天豪

華人艾瑞克森催眠治療學會理事長、新田／初色心理治療所首席顧問

　　這幾年，心靈工坊陸續出版了「薩德談經驗式治療」系列，這是薩德博士原先規劃好的「經驗式心理治療藝術」四部曲：2019，《經驗式治療藝術》、2020，《喚醒式治療》、2021，《助人者練心術》，而我們終於要在 2022 年，迎來這系列的第一本書：《催眠引導：讓改變自然發生的心理治療藝術》。

　　忘了在哪部電影裡看過這句話：「有時後要瞭解故事如何結束，得先知道故事如何開始。」雖然這其實並不代表結束，但我們還是能透過完整的四部曲，知道一個世界級的心理治療大師心中，如何進行心理治療「訓練」的可能模樣——沒錯，在我心中，這一系列，是薩德博士站在「如何成就更好的心理治療」為前提的書寫與整理。

　　這三年因為疫情，薩德老師在線上開設了「心理治療的藝術」同步課程。從 2020 到 2022 年，總共舉辦了九期三十九場。每一場開始，會有簡單的概念介紹（也邀請前一場的個案回饋）；接著，會有一位學員擔任個案，提出生活中實際的困擾，讓薩德老師直接做治療示範；示範結束後，主持人（多數是蔡東杰醫師，偶而是張忠勛老師或我）評論治療歷程，最後開放發問。結束後，薩德老師

還會針對尚未回答完的問題，拍攝影片解說；同時我們也還獨立開設另一個時段，針對該場的內容進行深度解析與技巧練習（通常是洪偉凱老師帶領，偶而是我）。

這樣把課程歷程寫下來，還真的覺得這是無比奢侈的心理治療訓練！不僅有教科書等級的現場示範，還有各種不同角度的元素拆解。不過即使如此，我還是經常遇到夥伴私下問我：「還有什麼方法可以掌握、內化老師背後的思考架構？」幾次下來，我終於意識到，因為我們還缺了這「第一部曲」。

《催眠引導》這本書，章節份量差異極大。前半部談了一點歷史與系譜、狀態模型與催眠現象學，也談了一些經驗式治療與喚醒式溝通，甚至也介紹了傳統催眠引導。然後，進入最主要的重頭戲：艾瑞克森取向的催眠引導、催眠語言（禮物包裝的微觀動力學）、ARE 模式等。

艾瑞克森取向中，有個溝通的方式與原則，稱為「播種」。在「播種」中，未來的目標可以隱微地包含在前期的催眠引導中。播種是製造出未來目標的參照點，但也許說「伏筆」，能讓大家更容易理解：如同偉大的戲劇會預示未來的走向，薩德老師經常引用劇作家契柯夫的名言：「若布幕升起時，有把槍放在壁爐上，在第三幕時必定有人會遭槍擊。」

《催眠引導》這本書正隱含了這樣的播種結構：在前面的章節，看似與艾瑞克森的早期互動軼事中，已埋下解說「艾瑞克森催眠引導」、「喚醒式溝通」、「催眠的定義」甚至「催眠語言」的伏筆——容我賣個關子，請各位務必自行去閱讀本書第一章中，艾瑞克森回給薩德的第一封信，看看能從這個故事發現什麼端倪。

但放大來看，「薩德談經驗式治療」系列四部曲，也是這樣的播種結構！在《催眠引導》中，早已預示了後來更完整的《經驗式治療藝術》、《喚醒式治療》的出現；而《經驗式治療藝術》中，也預示了後來更完整的《助人者練心術》的方法……

不知各位是否看過俄羅斯娃娃？一個娃娃套著一個娃娃，再套著一個娃娃，再套著一個……。用以獲致催眠現象的催眠語言方法，遞迴鑲嵌在 ARE 結構中，遞迴鑲嵌在喚醒式溝通中，遞迴鑲嵌在經驗式治療藝術中……。看見這個遞迴播種的現象，也許能為閱讀這一系列書籍，增添更多樂趣。

我回想起看過傑夫（Jeff）做的許多個會談：一個隱喻式的同理、鑲嵌在一個故事中的概念、一段前後呼應的催眠引導……每次回頭解析，往往發現最終的目標，經常在最初來回的三個回應中已可發現。複雜的模型圍繞同一個主題聚合，有點像閱讀阿嘉莎·克莉絲蒂（Agatha Christie）的推理小說：所有線索早已隱藏在內文中，只待最後時刻，所有拼圖結合的瞬間，方顯露完整圖像。差別在於，讀者是你的意識與無意識。

我也回想起十多年前，第一次在課堂中擔任傑夫個案的過程：我想要一段催眠體驗，傑夫卻像是「故意」不幫我催眠，只是不停同理我。後來我才發現，原來當時的我，並沒有能真正同理我自己；而他正是用這樣的歷程，喚醒我同理並接納我自身的處境——因為催眠引導的主要目的是獲得個案（也就是我）的無意識反應。於此之時，催眠從一個靜止、內心運作的模式，轉變成一個量身訂做、人際互動的模式。艾瑞克森的催眠是用來喚醒個案潛力，而不是強加催眠暗示在個案身上的。（當然，後來幾次擔任個案，傑夫

就有催眠我啦！）

　　一個寫過上百篇推薦序的朋友曾寫道，如果讀者讀完一篇序的反應是：「好喔，重點都講完了，我不用去看這本書了⋯⋯」這就是一篇失敗的序；反之，如果受眾的反應是「有意思，我想找這本書來讀」，這篇序言才算成功。希望這篇簡單的譯序，能夠增添大家閱讀這本書的動機與樂趣。更重要的，能夠透過這一系列書籍的學習，成就更好的心理治療！

從催眠引導到喚醒式溝通

卡米羅‧洛瑞多（Camillo Loriedo）

義大利心理治療師、羅馬大學教授

在 1980 年 12 月，美國鳳凰城所舉辦的第一屆艾瑞克森催眠及心理治療國際大會上，卡爾‧華特克（Carl Whitaker）介紹我認識傑弗瑞‧薩德。當時我很害羞，並不知道這個看似偶然的相遇所帶來的意義。

就像米爾頓‧艾瑞克森（Milton Erickson）一樣，卡爾‧華特克經常使用多層次溝通。例如有次我去威斯康辛州拜訪他，我體驗到他獨特的「間接」矯正方式，幫助我在處理家庭議題時改善我偏差的協同治療（Co-therapy）態度。卡爾帶我到門多塔湖（Lake Mendoza）划獨木舟，而正當我很享受划獨木舟的愉悅體驗時，他與我討論治療的議題，點醒我思考協同治療其實是一種有效的治療方式。但是，真正說服我相信協同治療的事情是，第二天他告訴我：「今天我必須工作，所以如果你願意，可以用早上的時間獨自一人享受獨木舟的樂趣。」當我試著在沒有卡爾的協助下獨自享受獨木舟時，我立刻掉入冰冷的湖水中。

現在回想起來，我把這兩個事件的關係看作一種治療合作的建議，不論是用在家族治療上，或是艾瑞克森催眠。自從第一次與傑弗瑞‧薩德相遇，我每次回想起自己沉浸在艾瑞克森催眠學派裡，

就會無法自拔地聯想到薩德——這是卡爾在三十三年前啟動的一段美好關係。

我對傑弗瑞的第一印象是好奇。我捫心自問：「這個年輕人如何有能力建構並組織這麼一個不可思議的大會，同時還能保持微笑和放鬆？」我從來沒有把這件事跟傑弗瑞說，但我有一個明確的結論：他一定是在某種深層催眠下，才能夠完成這一切。從那一次國際心理治療大會開始直到這本新書發行為止，令我不停感到驚訝的是傑弗瑞的創新教學方法。我可以想到最好的比喻就是本韋努托‧切利尼（Benvenuto Cellini），義大利文藝復興時期最偉大的藝術家之一。切利尼是當時最偉大的金匠，他能夠雕塑大大小小、複雜萬千的作品。我相信傑弗瑞和切利尼同樣具有舉足輕重地位，他可以將一個複雜概念輕易解構。在這本書中，他就是如此——呈現催眠引導的具體、重要細節。就如同切利尼，將不同部分分開之後，傑弗瑞用一種特殊方式將它們重新組合，因此我們感受到他的教導與治療都帶有一種鮮活的生命力和靈魂。我們也感受到他的豐富和複雜思路建構，帶有強大的吸引力卻不給人壓力。探索發現他的多面向治療工作就像是收集珍貴的作品，學生們可以輕鬆地踏上療癒旅程，接受一步步的帶領和引導。這本《催眠引導》是一本罕見的書籍，書中所提供的內容遠遠超出書名的含意。催眠引導只是書中所談寬廣深遠領域的中心思想，書中提到整個催眠領域，包括了催眠歷史、催眠迷思以及催眠定義。透過本書，我們看見薩德博士的哲學理念以及喚醒式（evocative）教導風格。

這本書裡的訊息量非常多，我們很可能迷失在其中，但透過薩德老師的言語，我們會經歷不一樣的體驗，不至於迷失其中。在

書中很多部分，薩德老師很有創造力地巧妙安置了多層次訊息與讀者溝通，比如在「當達利（Salvador Dali）遇見艾瑞克森」這一章裡，薩德博士運用電影拍攝的手法，幫助讀者瞭解解構與重新建構治療的過程。托斯坎（Tuscan）畫家皮耶羅‧德拉‧弗朗切斯卡（Piero della Francesca）也運用了類似概念。在他的幾何和數學研究當中，他為他的藝術注入一個全新觀點，而結果就是觀眾會有更強烈深刻的情感衝擊。傑弗瑞‧薩德使用同樣的原則，但他不是用幾何學來豐富畫作，而是在催眠引導過程裡增加藝術般的醒覺效果。

偉大的威尼斯音樂家安東尼奧‧韋瓦第（Antonio Vivaldi）是另一個間接多層次溝通的啟發性例子；巴洛克音樂是他的形式。韋瓦第引進使用聲調來創造更華麗的作曲，而他也實驗了新的樂器演奏技巧。類似艾瑞克森的間接溝通形式，巴洛克音樂擴展了這個領域。它不只直接改變了音符，也間接影響了聽眾。巴洛克影響擴大了音樂的視野和複雜度，並且加強了樂器的表現。

然而，巴洛克風格的裝飾音總是有一個風險，就是有某個東西太過複雜，以致跟日常生活經驗背道而馳。然而傑弗瑞‧薩德取向的艾瑞克森學派治療，特別是某些複雜的技巧，在治療目標底下是扮演次要的角色。複雜與裝飾並不必然意味著難以瞭解。簡單性不是複雜性的反義字，而是複雜難懂的反義。舉例而言，在義大利導演費德里柯‧費里尼（Federico Fellini）的電影中，費里尼能夠從角色的每天簡單生活經驗中誘發強烈的情緒。但是簡單性可以是一個幻想的創造性行動，不必然是個人經驗的真實描述。費里尼這麼說：「似乎對我而言，我幾乎創造了每一件事：童年、角色、鄉愁、夢想、記憶，為了能夠再將它們陳述給人們。」以此相較於傑

弗瑞‧薩德在第九章說的：「一個引導可以藉由對病人述說他感興趣的話題而被創造出來，例如：騎單車或走路。甚至像走進一個房間這樣司空見慣的行為，也可以被用作引導的台詞。治療師僅僅使用這個話題作為社交情境，引導的主題和原則就散佈在這個情境當中。」

如果我們接受，如同傑弗瑞‧薩德主張的，雕塑、繪畫、演奏音樂、拍攝電影，以及心理治療都可以引發「狀態」，那麼我們就可以說，費里尼和薩德都奉獻心力在他們的藝術品——使用喚醒式的文法誘發「狀態」。

在我看過傑弗瑞做的許多示範治療裡，一個示範一直停留在我的記憶。

在羅馬舉行的一次研討會，一位婦女要求戒菸治療。治療過程，傑弗瑞一次也沒有提到香菸，也沒有提供任何解除壞習慣的指令。取而代之的，是「新的、更令人滿意的經驗」以及「發現真實的興趣和被忽略的喜悅」。治療結束，那位婦女宣稱她不再對抽菸感到興趣。然而，一個更出人意外的驚喜是翻譯員的行為。他是一位專業的翻譯員，但在治療進行十五分鐘後，他開始出現離譜的錯誤。除了他自己之外，每個人都知道他被催眠了。治療中他突然說：「我好累，我想現在就停止翻譯。」觀眾以為他要中斷這次的治療。稍後我才瞭解到，那是他在該次間接催眠接收到的副作用。那位翻譯員決定永遠不再從事翻譯的工作，並且完全改變他的生活。兩年後，當我嘗試請他在另一個研討會幫忙，但實際上在傑弗瑞的戒菸催眠治療後，就決定離開翻譯工作，並且探索他真正的興趣和被忽略的喜悅了！現在他住在西西里，種植葡萄，釀製美味葡

萄酒。在我們最後一次談話時，他剛結婚，太太也懷孕了。他認為這一切是「新的、更令人滿意的經驗」。

　　如果你很訝異地發現，我提到了許多喚醒式的義大利藝術品和義大利藝術家，但傑弗瑞‧薩德並不是義大利人，我只能用偉大的比利‧懷德（Billy Wilder）電影的結語作為評論：「是的！沒有人是完美的。」

卡米羅‧洛瑞多（Camillo Loriedo）[1]

羅馬，2013 年 10 月 28 日

---

1 【編註】本文作者為歐洲推廣艾瑞克森催眠的重要人物。

致　米爾頓・艾瑞克森醫師，感謝他的奉獻。

前言

　　本書提供由艾瑞克森學派架構而來的催眠引導基礎模型，而它僅僅是一個開始。我的構想是鼓勵讀者探索催眠既有的可能性，同時向米爾頓・艾瑞克森醫師非凡的貢獻做更多學習。催眠模型與艾瑞克森學派的觀點，可以和任何治療模式整合，以增強治療的效果。

　　也許讀者注意到本書的題獻寫到：「致米爾頓・艾瑞克森醫師，感謝他的奉獻。」我的圖書收藏中有一本艾瑞克森親筆簽名的書，那是艾瑞克森和羅西（Rossi）1979 年的著作《催眠治療，探索性案例》（*Hypnotherapy, an Explovatory Casebook*）。當艾瑞克森醫師送我這本書時，他的簽名：「寫出一本更詳細、更組織完整的書取代這本書。」

　　我花了好長的時間來回應他的建議。我希望我在書中恰當地表達我的想法。

傑弗瑞・薩德博士

一個隱喻

我成年以後才學滑雪，當時在德國最高峰楚格峰（Zugspitze）。我站在教練前面，他看得出來我被眼前複雜的任務搞瘋了。他告訴我：「就去跌倒，」將我心中的懷疑放在一旁，我照做了。他接著指導我：「這是爬起來的方法。」在有用的資訊鼓勵下，我練習跌倒和爬起來的方法。

接著他解釋，我應該將重心向前移動，右手壓著右膝，我就向左轉。左手壓著左膝，我就向右轉。掌握這些步驟之後，他建議我想像端著一個餐盤。傾斜餐盤就可以轉彎。

我看著八歲到八十歲的滑雪者完美地滑雪下山，沒有人壓膝蓋，也沒有人傾斜餐盤。但我瞭解，如果我好好練習我學到的這些步驟，終究能夠精通這項任務。

同樣地，我學開飛機。開飛機是很複雜的。我可以教導所需的步驟，我可以解釋飛機不同元素的作用，但是，開飛機遠超過所有成分的總和。催眠也是。

概觀

　　眾所周知，米爾頓・艾瑞克森與催眠是密不可分的。事實上，它僅僅是他治療寶庫裡其中一個工具，儘管它是非常強大的工具。本書呈現我對艾瑞克森學派催眠的一些理解，而且主要是關於催眠引導（hypnotic induction）。本書探究我所瞭解的艾瑞克森學派催眠的基礎。我把催眠看成是一種集合體。我們不需要把催眠看成是獨特的個體，雖然很多催眠專家們經常這樣認為。

　　同時，「引導」（induction）這個詞是個誤解。催眠是被誘發（elicited）出來，而不是被引導。因為「引導」常常和催眠連接在一起，我使用了這個詞，但是當我寫到「引導」，我想到的是「誘發」。

　　以下的章節組成了艾瑞克森學派催眠引導的藝術與練習：

- 介紹催眠引導，以個案導向與個案作為核心的觀點。
- 介紹艾瑞克森醫師與艾瑞克森基金會。
- 以家族圖導覽讀者認識艾瑞克森醫師以及他對他的學生們的影響。
- 解說「狀態」，一個催眠的完整概念。
- 對於經驗性方法的經驗性介紹。
- 傳統催眠模式：艾瑞克森催眠學派的成長環境。

- 艾瑞克森學派的催眠引導，包括催眠引導原則，艾瑞克森醫師的創新方法對照於傳統催眠。
- 催眠的現象學取向，從個案的觀點對催眠有更深層瞭解。
- 催眠語言，一種詩意文法用來誘發「狀態」，同時運用禮物包裝技巧來強化加深暗示的效果。
- ARE 催眠引導模式：艾瑞克森學派催眠引導的骨架。

許多作者嘗試將艾瑞克森醫師的治療觀點系統化，包括：艾瑞克森與羅西（Erickson and Rossi, 1976, 1979, 1981, 1989）；班德勒與格林德（Bandler and Grinder, 1975）；哈利（Haley, 1973, 1984）；吉利根（Gilligan, 1987）；雅普克（Yapko, 1984）；蘭克頓與蘭克頓（Lankton and Lankton, 1983）；畢爾斯（Beahrs, 1971）；以及歐漢龍（O'Hanlon, 1987）。歐漢龍列舉了多樣框架用來理解艾瑞克森醫師。尼曼切克（Nemetschek, 2012）提供一種個人觀點。藉由研究這些多樣的觀點，我們可以得到更全面性的理解。我希望加入另一個觀點來豐富讀者對艾瑞克森的理解。

關鍵概念

　　將你在本書會遇到的關鍵概念列出清單如下，或許會有幫助。它們的呈現沒有固定順序。

- 目標設定（goal setting）
- 禮物包裝（gift-wrapping）
- 量身定做（tailoring）
- SIFT 模式（開頭設定〔Set Up〕；治療主軸／介入〔Intervene〕；跟進〔Follow Through〕）
- 治療師所處狀態（The therapist's posture）
- 順勢而為（utilization）
- 多層次溝通（multilevel communication）
- 對細微線索的反應（response to minimal cues）
- 播種（seeding）
- 經驗性方法（experiential methods）
- 引導導向（orienting toward）
- 催眠元素組成（hypnotic constellation）
- 確認（ratification）
- 催眠現象學（phenomenology）
- 去穩定化（destabilization）

- 催眠現象（hypnotic phenomena）
- 彈性（plasticity）
- 宏觀框架（metamodel）
- 「狀態」（"states"）
- ARE 模式（ARE model）
- 催眠語言（The language of hypnosis）
- 自然催眠法（Naturalist trance）

第一章

簡介

　　我在四十年前開始我在催眠世界的旅程。我當時是舊金山大學的一個碩士生，研讀臨床心理學。我在一個社區醫院的精神科部門實習，主治醫師是查爾斯·歐康納（Charles O'Connor, MD）。我請歐康納醫師教我催眠，下一個週末，他便邀請我去他的私人辦公室，說到時候他會給我一個催眠體驗，教我催眠。帶著許多惶恐，我坐在他的辦公室椅子上，不知所措。當歐康納醫師開始做催眠引導時，我的手指不自覺地快速敲打著椅子把手。歐康納醫師暗示我繼續敲打椅子把手，並暗示我專注在手指的移動上。他告訴我，漸漸地，我的手指移動速度會放慢，當速度改變了，也就是我進入催眠的時刻了。我的手指最終放慢速度，我也真的進入催眠。

　　這個初體驗，帶領我進到一個催眠體驗的世界裡，這也是艾瑞克森做催眠和催眠治療的基本原則。我當時請教歐康納醫師，我該讀什麼書來學催眠，他建議我去研究艾瑞克森醫師的治療工作。當時，只有一本書，《進階催眠與催眠治療技巧》（*Advanced Techniques of Hypnosis and Psychotherapy*）是艾瑞克森寫的一些文章合集，是傑·海利（Jay Haley）編輯。（這本書已經絕版很久，但是目前收錄在《艾瑞克森大全》〔*Collected Works of Milton Erickson*〕裡，讀者可以在艾瑞克森基金會的官網上買到。）當時，艾瑞克森

這個名字對我來說沒什麼意義，但我對催眠很感興趣，所以我就買了這本書。當我開始讀時，我感到驚為天人，對於艾瑞克森如何運用催眠和催眠治療來幫助個案，我實在太驚訝了。這是我當時讀到關於心理治療最重要的一本書。接著，我又去尋找更多關於催眠的培訓。我和幾個研究生同學一起去參與了艾瑞克·葛林利夫博士（Eric Greenleaf, Ph.D.）在家裡舉辦的私人催眠培訓。我也參與了美國臨床催眠學會（American Society of Clinical Hypnosis, ASCH）舉辦的工作坊，這個學會是由艾瑞克森所創辦。凱·湯普森（Kay Thompson, DDS）和鮑伯·皮爾森（Bob Pearson, M.D.）是艾瑞克森第一代的學生，也是我在美國臨床催眠學會最主要的兩位老師。

在 1973 年，我寄一封明信片給我表妹艾倫·蘭達（Ellen Landa），她在圖森（Tucson）念護士。我告訴她我正在學催眠，最主要是學習艾瑞克森的東西。我跟她說，艾瑞克森醫師住在鳳凰城，離她很近，她有空應該去拜訪一下艾瑞克森醫師，因為他是催眠天才。我表妹回我信，她說她在大學時的室友是羅珊娜·艾瑞克森（Roxanna Erickson），是艾瑞克森醫師的第七個小孩。艾倫提醒我，幾年前當我去舊金山拜訪她的時候，其實我有見過羅珊娜。我依稀記得當時艾倫告訴我，羅珊娜的父親是有名的精神科醫師，但當時我對精神科醫師沒什麼興趣，所以沒印象。

最終，我寫信給艾瑞克森醫師，希望他收我當學生。我當時是非常害羞的人，對我來說，寫信要求當學生這種舉動是無法想像的膽大包天，或是天真無知。我當時有一篇論文，被美國臨床催眠學會所採用，這個學會是艾瑞克森醫師創辦的。這篇論文是在講艾瑞克森學派的順勢而為技巧如何運用在有幻聽思覺失調（精神分裂）

病人身上。我把這篇論文也寄給艾瑞克森看。以下就是艾瑞克森醫師的回信：

11 月 9 日，1973

傑弗瑞·薩德先生
1039 號，凌霧街（1039 Ringwood）
曼羅公園，加州 94025（Menlo Park, California 94025）

親愛的薩德先生：

　　你寫的信讓我受寵若驚，我也很高興有機會能遇見你，我一天看一、兩個病人，並不值得你大老遠跑一趟來找我，我也不能用這些個案案例來教導你。加上我目前身體狀態很不好，時好時壞，我無法保證可以一天教導你一小時，或是連續兩天教導你。

　　我想要建議你，當你閱讀我的文章時，注意到人際互動關係，個人內在關係，以及這在改變行為上所帶來的滾雪球效應。我還沒有讀你的文章，我也不知道何時會讀這文章。我女兒羅珊娜讀了，她很喜歡你寫的文章。

　　另外我想跟你強調一點，你發現那些胡言亂語、空話、方向，或催眠暗示是很不重要的東西。真正重要的事情是改變的動力，以及知道一件事，沒有人真正知道自己的潛力。

誠摯地，
米爾頓艾瑞克森醫師

我收到信時大概讀了十幾遍，感到非常驚訝——這樣一位超級大師——竟然會寫信給一個仰慕的學生。然後我就回信給他，這一次我說我不見得一定要當他學生，我只想拜訪他。他同意我去拜訪他，並邀請我住在他家幾天。在 1973 年 12 月，我第一次去鳳凰城朝聖艾瑞克森醫師，之後又多次拜訪他，跟他學習。在 1978 年 7 月，我搬到鳳凰城，就只為了更接近艾瑞克森。艾瑞克森醫師從未跟我收取任何學費，我當時非常感激，因為我當時是窮學生，經濟拮据。事實上，有時候艾瑞克森太太會到機場來接我，因為我沒錢坐計程車。

　　我毫不掩飾我愛艾瑞克森。我寫這本書的主要原因也就是表達我對艾瑞克森的尊敬和愛，傳遞我從他身上所學到的一切。

　　我也愛上催眠。最終，我開始教授催眠。催眠是治療溝通語言的最高藝術。學習催眠的治療師，會運用所有溝通輸出管道來產生效果，這樣的培訓會產生一種蛻變。學習催眠引導技巧會使治療師更精進，無論治療師原先的學派取向是什麼。學催眠還有許多好處，治療師會學到如何運用策略性思考，也學會創造一種經驗式（experiencial，或稱體驗式）的治療戲劇，這會加速改變。治療師也將學會改變個案的「狀態」。

　　我回想一下，我最早教導催眠是在 1977 年，當時史蒂芬‧蘭登（Stephen Lankton）邀請我一起帶領一個工作坊。我認識史蒂芬，因為我們都在密西根州立大學念大學部，我們也都在同一個機構，聆聽的耳朵（The Listening Ear）裡實習，這是最早期的危機處理機構。最終，我在世界各地教導專業人士催眠，我在超過四十個國家教課，這可能可以列入金氏世界紀錄。

這本書是我在教導催眠初階工作坊的提煉精華。借用我好朋友，曼佛列德・普萊爾（Manfred Prior），所說的一句話，這是一本「給初學者看的進階技巧」書籍。

　　寫一本關於催眠的書是一項艱鉅的任務，這就像是寫一本關於高爾夫球或是游泳的書籍。你沒有實際揮竿是無法學習高爾夫的，坐在游泳池畔也是無法學習游泳的。

　　這本書的限制顯而易見。這本書把讀者帶進催眠引導的世界，但它不是一本關於催眠治療運用的書籍。

　　很幸運地，學習催眠引導比學習催眠治療輕鬆一些。用隱喻來說，這就像是如何從鳳凰城去到你所居住的地方。旅程就只是在安排交通工具。當你去到鳳凰城，你要做什麼，這是更重要的問題。

　　我希望你會享受這本書。我試著加入一些幽默元素。艾瑞克森醫師是全世界第一個把幽默加入到心理治療過程中的人，也是第一個把幽默加到催眠裡的人。

第二章

解構催眠：到底催眠是什麼？

圖 2-1　一則催眠漫話：很抱歉，我不覺得我被催眠了……我聽見你說的每一個字。[1]

我們大多數人對於催眠（hypnosis）和催眠狀態（trance）都有一個既定印象。無論是像思文佳利（Svengali-like）[2] 充滿魅力，在電影或是電視上的催眠師樣貌，我們都會想像這就像是放下我們的

1　Permission provided by Lewis Smith, Ph.D. on behalf of his teacher and friend, Hy Lewis, the creator of this cartoon.
2　【編註】英國小說裡一個以催眠控制人心做惡的人物，該故事曾於 1930 年於美國拍攝成電影。

現實，進入一個全新「催眠國度」。但我們真的知道催眠和催眠狀態是什麼嗎？

催眠是一種複雜現象。這本書裡，我把催眠和催眠狀態的元素解構，從個案的角度來看——也就是被催眠者的角度來看。我們要回答一個問題，人們怎麼知道自己被催眠了？另一個問題，在催眠狀態裡是什麼感受？帶著這個想法，我先檢視了作為一個催眠治療師要如何確保個案進到催眠狀態。

通常我們會對一個複雜現象作標示，以便於更好地溝通和理解。愛，就是一個例子。但如果我們把愛看成一個物體，相信它就是一種單獨的感受，會讓研究和實際運用變得更加複雜。

催眠通常被認為是一種單一的事件，像是簡單體驗。然而事實上，催眠包含了許多元素，會隨時間而改變。解構催眠，把它變成許多元素，能幫助我們對每個催眠元素的外在作用有更好的理解——就好像編舞家把舞蹈變成一系列步驟，用來創造一種流動的內在獨特過程。

催眠就像是一種半透明的容器。有一些具體元素，就像實質顏料，在容器裡攪混。容器的外觀取決於你加進去的顏料，而整體的容器就可以看為是催眠整體。不同元素的組成會隨時間而改變。

把催眠解構成不同元素的組成，對於催眠師和被催眠者雙方都能帶來益處。解構催眠，會幫助治療師更加瞭解催眠技巧背後的意義，並且更瞭解被催眠者的體驗感受，讓你知道催眠體驗是否正在發生。一旦你瞭解了催眠引導所帶來的體驗，你可以幫助個案更好地體驗催眠的過程。

傳統催眠師的觀點是不同於本書的，他們將重點放在做催眠。

傳統催眠師可能跟個案說，「更深地進入催眠裡⋯⋯」但這對個案來說，到底體驗到什麼，其實我們並不知道。直接暗示個案去體驗一種主觀經驗「狀態」，並不是誘發「催眠狀態」最有效的做法。

我們以「快樂」做比喻。如果你想要讓你憂鬱的朋友快樂起來，你不會對你朋友說，「更深地進入快樂裡。」相反地，你會建構一個情境，好讓你朋友感到快樂。取決於你的朋友和情境，你可能會做以下的事情：你可能送他鮮花，幫朋友照顧孩子一小時，帶他去吃晚餐，邀請他跟你去散步。你也可能講好笑的故事給他聽，或只是專注聆聽他述說問題。換句話說，你會誘發快樂的元素，直到你朋友能讓自己創造更好狀態，或掉進更好狀態裡。

我的催眠風格也是這樣。我聚焦在誘發不同元素，讓個案可以體驗到催眠，並確保這個催眠對個案是有意義的。這些元素有不同功能──心理上、社交上、情境上的功能。催眠是不同功能的集合體。誘發出獨特功能，催眠就出現了。

伯蘭特・羅素（Bertrand Russell）將電力定義為，「並不是一個物體，而是一種事情自然發生的方式。」或許，催眠也可以看作是「事情自然發生的方式」。

一開始，誘發元素可能看起來麻煩且虛假。把一個體驗切割開來，確實就像是分析一個笑話一樣──你可能已經知道天堂和地獄的差別：在天堂，人們說笑話，在地獄，人們分析笑話。如果你的個案已經被傳統催眠師催眠過，你可能感覺自己做催眠時不是進步，而是退步。

為了學會催眠引導的豐富和複雜性，把催眠解構成小元素，事實上會幫助學習過程，增加療效。有時候，當我們把複雜的東西拆

解成小元素，會幫助我們學得更好。

在這本書裡，我聚焦在個案的主觀體驗元素上——個案被催眠時的內在感受。就好像愛、專心，或是動機，催眠也是一個多面向的「狀態」，我們可以主觀定義或是用理論定義。就像愛一樣，要科學上定義愛很不容易，因為愛是主觀體驗。

要從話語上定義一種主觀體驗是很難的。以下是一個關於催眠治療取向的催眠定義。

催眠是一種「狀態」，只能從體驗上獲得，無法從知識上理解，催眠是由心理－社交－情境元素所構建。催眠是一個交互作用的集合體，由以下這些元素組成：注意力和覺察的改變、感知強度的改變、體驗到解離、對於催眠暗示有反應，在特定情境中出現，這些現象都直接或間接定義了催眠的發生。

催眠是一種體驗，其中隱含的意義是，「透過個案自身的真實體驗，會產生不一樣的人生！」

第三章

米爾頓・艾瑞克森，以及以他為名所創立的艾瑞克森基金會

　　描述艾瑞克森學派最好的方式就是直接介紹艾瑞克森這個人。他是一個著名的精神科醫師，出生在 1901 年 12 月 5 日。從 1948 年到過世，他都在亞利桑那州鳳凰城執業心理治療。他於 1980 年 3 月 25 日過世。

　　先簡介催眠的歷史背景：在十八世紀時，人們要學習催眠，就會學到梅斯梅爾（Mesmer）這個人的貢獻。在十九世紀時，有幾個催眠的重要人物：布雷德（Braid）、雷伯（Leibault）、伯恩海姆（Bernheim）、沙可（Charcot）。把催眠帶進二十世紀的人是讓內（Janet）。在二十世紀，艾瑞克森主宰了整個臨床催眠治療界。艾瑞克森醫師是一個世不二出的治療師，也是一個傑出非凡的研究者。他在心理治療領域的案例貢獻，比任何歷史上已知的治療大師都還要多。

　　目前有超過一百本專門談論艾瑞克森治療以及他對心理治療貢獻的書籍。許多當代心理治療大師都來跟隨艾瑞克森學習，包括傑・海利（Jay Haley）、約翰・威克蘭德（John Weakland）、史蒂芬・藍克頓（Setphen Lankton）、史蒂芬・吉利根（Stephen Gilligan）、理查・班德勒（Richard Bandler）、約翰・葛蘭德

（John Grinder）、比爾·歐漢隆（Bill·O'Hanlan）。艾瑞克森是一個充滿智慧的學者，同時也跟當代不同領域的大師合作，包括人類學家瑪格麗特·米德（Margaret Mead）、心理學大師葛雷葛利·貝特森（Gregory Bateson）、作家阿道斯·赫胥黎（Aldous Huxley）。

艾瑞克森的職業生涯由三個階段組成。早期他是一個研究學者，當時他在密西根。從 1948 年到 1972 年，他搬住鳳凰城，主要的成就是做一個治療師。然後，他從臨床治療領域退休，成為一個舉世皆知的培訓大師。舉世聞名，並且有著崇高地位，在他退休之後，來自世界各地的治療師慕名而來，到鳳凰城跟艾瑞克森貼身學習。

艾瑞克森醫師以他的勇氣聞名。當我在 1973 年遇見他時，他已經是長期倚賴輪椅的人了。他在十七歲時第一次小兒麻痺發作，因為其後遺症，他半身不遂。他有許多身體殘疾：他視力受損，有雙重視覺，他的聽力受損，他的腿無法動彈，他的手也近乎殘廢。他無法戴假牙，所以必須學習在沒有牙齒的情況下重新發音說話——他曾經是像專業演員一般的可以自由控制說話的聲音語調。艾瑞克森總是處於長期慢性的疼痛中。儘管如此，他依然綻放光芒，活著就是一件快樂的事。當病患和學生去找他時，他們看到的是一個比自己承受著更多痛苦的醫師，日常生活的限制遠比學生和病患們更多。但是，他們會感受到整個空間充滿了艾瑞克森式的幽默以及和他對生活的熱情和快樂。當他說著，儘管有許多痛苦和限制，你仍可以享受生活時，他並不是戲謔或是假設性地說著這話，他正活出這種享受生活的狀態給你看。

在職業生涯裡，他被認為是催眠大師。在 1973 年，當傑・海利發表《不尋常的治療：催眠大師米爾頓・艾瑞克森的策略療法》（*Uncommon Therapy*）[1] 一書時，艾瑞克森醫師被認為是最厲害的短期策略治療大師。傑・海利在教導的是，我們可以把心理治療看成是一種問題，而不是解答。當看做是問題時，個案就在接受治療，如果看作解答，形同個案不再需要接受治療，要盡可能快速脫離療程，獨立生活。

在 1980 年，我編輯的一本書，《跟大師學催眠：米爾頓・艾瑞克森治療實錄》（*A Teaching Seminar with Milton Erickson*）[2]，反映出艾瑞克森超凡卓越的治療風格。有時候，我們這些作學生的，都很難分辨清楚艾瑞克森到底是在做催眠、做治療，還是講課。一個根本的原則：這些都是經驗式（experiential）治療，設計用來誘發「獨特狀態」（"ststes"），而不是提供訊息而已。

艾瑞克森會去探索人類的反應，從中誘發人們的潛力。在社會心理學發展以前，他已經是一個卓越的社會心理學家。對艾瑞克森而言，催眠是一種互動關係，個案對於溝通裡隱藏的意義會產生反應。用隱喻的說法，催眠引導就是在「輕聲敲開心門」。當個案對於溝通裡隱藏的意義產生反應，就好像在說「歡迎來到我家客廳，很高興你來幫我重新整理家具。」

艾瑞克森在他的探索裡發現，不需要正式的催眠也可以產生隱藏的反應。他發明一種「不用催眠的催眠治療」。事實上，艾瑞克

1　【編註】中文版由蘇曉波、焦玉梅譯，心靈工坊出版。
2　【編註】中文版由朱春林等譯，心靈工坊出版。

森只有百分之十五的時間會運用催眠，但是他百分之百運用從催眠所學來的技巧和概念來強化治療的效果。

在 1979 年，我在亞利桑那州的鳳凰城創立米爾頓‧艾瑞克森基金會。艾瑞克森醫師和太太，以及我當時的老婆雪倫‧彼得斯（Sherron Peters）是第一任的理事。艾瑞克森基金會成立的目的是推廣並提升艾瑞克森對於心理治療領域的貢獻。我從未刻意想過要創立一種單獨的艾瑞克森學派催眠，或是艾瑞克森學派心理治療。基金會的主要目標一直都是，將艾瑞克森的治療工作整合進主流的心理治療領域，並且幫助各個學派的治療師更加精進成長。

艾瑞克森基金會是一個致力於提升心理治療，而非只看重催眠的機構。艾瑞克森基金會為心理治療專業人士舉辦各種主題的心理治療大會。最主要的大會是世界心理治療發展大會（the Evolution of Psychotherapy）。自從 1985 年，每四到五年會舉辦一次。這是世界上心理治療領域最大型的盛會。我們 2005 年的世界心理治療發展大會就吸引了超過八千六百人從世界各地來參加。

艾瑞克森基金會同時也舉辦短期心理治療大會（The Brief Therapy Conference），聚集來自世界各地的短期心理治療專家；艾瑞克森學派國際年會則是聚焦在催眠和心理治療上；還有伴侶治療大會。要參加艾瑞克森基金會所舉辦的大會，最低要求是碩士以上，助人工作相關領域的學歷，或是相關助人工作領域的研究生。

儘管不是一個會員制的機構，艾瑞克森基金會在世界各地有超過一百四十個分會機構。基金會的刊物有超過一萬人訂閱，這還不包括電子刊物的訂閱者。

請參考以下的網址，可以知道我們更多的活動。

Jeffrey K. Zeig, Ph.D.

The Milton H. Erickson Foundation

2632 East Thomas Road, Ste. 200

Phoenix, AZ 85016

jeff@erickson-foundation.org

www.erickson-foundation.org

www.evolutionofpsychotherapy.com

www.brieftherapyconference.com

www.couplesconference.com

www.ericksoncongress.com

www.jeffreyzeig.com

www.zeigtucker.com

第四章

族譜：受艾瑞克森啟發的
心理治療族譜演化

米爾頓・艾瑞克森醫師培育了許多有智慧的治療大師，他們當中許多人繼續在心理治療領域發光發熱，佼佼者像是：傑・海利（Jay Haley）和恩尼斯特・羅西（Ernest Rossi）。艾瑞克森醫師所做的治療奠定許多心理治療學派的基礎，包括策略治療學派（Strategic Therapy）、人際互動治療學派（Interactional Therapy）、焦點解決治療學派（Solution-Focused Therapy）、結果告知治療學派（Outcome-Informed Therapy）、自我關係療法學派（Self-Relations Therapy）、可能性療法（Possibility Therapy）、神經語言學（Neuro-Linguistic Programming, NLP）和衝擊療法（Impact Therapy）。艾瑞克森睿智的繼承者在艾瑞克森所教導的原則上奠基，發展他們自己的治療學派。同時，艾瑞克森也受到他這些學生們的許多啟發。

以下的圖表呈現出一些受到艾瑞克森直接影響，並在專業領域上做出重大貢獻的學派。在艾瑞克森衍生出來的學派裡，有一個分界點就是關於催眠的核心本質。後現代艾瑞克森學派會把催眠治療放在核心位置，通常使用正統的催眠引導。其他從艾瑞克森治療所發展的心理治療，會把催眠放在一個比較次要的地位上，他們

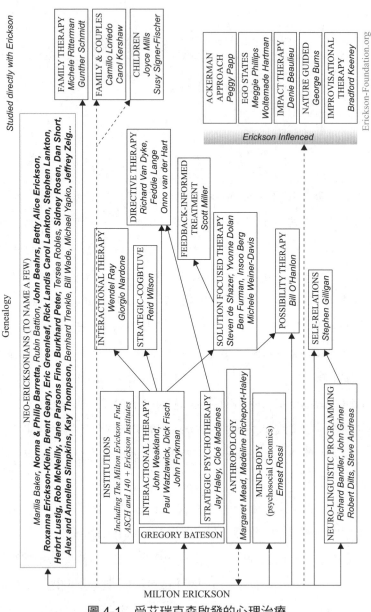

FAMILY THERAPY
Michele Ritterman
Gunther Schmidt

FAMILY & COUPLES
Camillo Loriedo
Carol Kershaw

CHILDREN
Joyce Mills
Susy Signer-Fischer

ACKERMAN
APPROACH
Peggy Papp

EGO STATES
Meggie Phillips
Woltemade Hartman

IMPACT THERAPY
Denie Beaulieu

NATURE GUIDED
George Burns

IMPROVISATIONAL
THERAPY
Bradford Keeney

Erickson Inflenced

Erickson-Foundation.org

NEO-ERICKSONIANS (TO NAME A FEW)
Marilia Baker, Norma & Philip Barretta, John Beahrs, Betty Alice Erickson,
Roxanna Erickson-Klein, Brent Geary, Eric Greenleaf, Rick Landis Carol Lankton, Stephen Lankton,
Herbrt Lustig, Rob McNeilly, Jane Parsons Fine, Burkhard Peter, Tersea Robles, Sidney Rosen, Dan Short,
Alex and Annellen Simpkins, Kay Thompson, Bernhard Trenkle, Bill Wade, Michael Yapko, Jeffrey Zeig...

DIRECTIVE THERAPY
Richard Van Dyke,
Feddie Lange
Onno van der Hart

FEEDBACK-INFORMED
TREATMENT
Scott Miller

INTERACTIONAL THERAPY
Wendel Ray
Giorgio Nardone

STRATEGIC-COGBTUVE
Reid Wilson

SOLUTION FOCUSED THERAPY
Steven de Shazer, Yvonne Dolan
Ben Furman, Insoo Berg
Michele Weiner-Davis

POSSIBILITY THERAPY
Bill O'Hanlon

SELF-RELATIONS
Stephen Gilligan

INSTITUTIONS
Including The Milton Erickson Fnd,
ASCH and 140 + Erickson Institutes

INTERACTIONAL THERAPY
John Weakland,
Paul Watzlawick, Dick Fisch
John Frykman

STRATEGIC PSYCHOTHERAPY
Jay Haley, Cloé Madanes

ANTHROPOLOGY
Margaret Mead, Madeline Richeport-Haley

MIND-BODY
(psychosocial Genomics)
Ernest Rossi

GREGORY BATESON

NEURO-LINGUISTIC PROGRAMMING
Richard Bandler, John Griner
Robert Dilts, Steve Andreas

MILTON ERICKSON

圖 4-1　受艾瑞克森啟發的心理治療

會運用從催眠衍伸出來的技巧，我們稱之為，「沒有催眠的催眠治療」。「艾瑞克森學派」這個名詞則是第一次出現是在 1978 年，我當時印製第一屆國際艾瑞克森催眠與心理治療大會手冊時。

這個族譜聚焦在那些受到艾瑞克森直接影響的多位治療大師。我們無法一一列舉所有受艾瑞克森醫師影響而有所貢獻的學派。有些人是透過參加工作坊和閱讀書籍來學習艾瑞克森，跟他並沒有直接接觸。

有兩個學派受到格雷戈里·貝特森（Gregory Bateson）深切影響。第一個學派是最初由傑·海利所發展的策略治療，他是心智研究機構（Mental Research Institute, MRI）的貝特森研究計畫（Bateson Research Project）早期成員。傑·海利出版了一本心理治療歷史上最重要書籍之一《不尋常的治療》（1973）。

傑·海利花了五年的時間撰寫《不尋常的治療》這本書，書中探索在家庭生活的各個週期重大轉戾點所面臨的心理問題。這個寫書概念在當時是相當先進的想法，傑·海利並沒有得到應有的認可。書中，傑·海利探討了艾瑞克森如何治療各個不同時期的個案，像是小孩長大離開家，年輕人結婚，或是當第一個小孩上學時會遇到什麼問題。《不尋常的治療》這本書到目前為止仍是學習艾瑞克森學派短期治療、策略治療的最佳入門書籍。

《不尋常的治療》這本書一開始，傑·海利就定義了策略治療是什麼，即：治療師心中有個目標，並且致力去達成那個目標。這種想法在當時並不普遍。當時流行的是人本主義治療以及精神分析治療。傑·海利強調一種治療任務，艾瑞克森即經常以此來尋求治療效果，而輕輕帶過催眠的運用。傑·海利的策略治療學派看重

「直接任務」，而這也是艾瑞克森治療工作中的重要元素之一。

有一個關於艾瑞克森策略治療簡單的例子是由亞特‧鮑丁（Art Bodin）重新描述給我的。有個對生命感到無趣的男子向艾瑞克森尋求治療。這個個案看起來整天唯一做的事情就是閱讀。艾瑞克森是他的醫生，建議他運動，可以準備午餐，並且走到圖書館，不需要帶書。那個男人發現圖書館裡關於鳥類學的區域很有趣，並且開始和這個區域常出現的人聊天。幾個月後，當艾瑞克森再次遇到這個男人，他已經和其他鳥類愛好者交朋友，並且覺得活著更有意義。

傑‧海利離開 MRI 前去費城兒童輔導中心和薩爾瓦多‧米紐慶（Salvador Minuchin）一起工作，克羅伊‧麥丹絲（Cloé Madanes）同時也在那裡。傑‧海利後來和麥丹絲結婚，在華盛頓特區建立了一個訓練中心，在那裡發展他們的策略治療學派。策略治療學派被雷得‧威爾森（Reid Wilson）整合到策略／認知取向治療當中，他把他的治療運用在焦慮治療，特別是恐慌症和強迫症。

第二個受到貝特森強烈影響的治療學派分支就是人際互動治療。這個治療取向是源自於 MRI，後來帕羅奧圖（Palo Alto）團隊將這個學派發揚光大。這個團隊包括了唐‧傑克森（Don Jackson）、保羅‧瓦茲拉威克（Paul Watzlawick）、約翰‧威克蘭德（John Weakland）和迪克‧費雪（Dick Fisch）。人際互動治療學派最常見的概念是「重新架構」（reframing），出自這本書《與改變共舞：問題如何形成？如何突破和有效解決》（*Change: Principles of Problem Formation?*）（Watzlawick, Weakland & Fisch, 1974）。作者們提出了一種系統化、互動治療方法，其中常用到矛盾技巧。MRI

模式後來由一些其他知名的專業人士繼續發展，像是溫德爾·雷（Wendel Ray）和喬治歐·拿丹（Giorgio Nardone）。

帕羅奧圖團隊後來衍生出其他治療學派。史蒂夫·德·沙澤（Steve de Shazer）是跟隨約翰·威克蘭德學習，從未見過艾瑞克森，卻學到許多關於艾瑞克森的學問。事實上，他寫了一篇文章（和一本書），《順勢而為：解決問題的基礎》（*Utilization: The Foundation of Solutions*, 1988）。從他對威克蘭德的研究出發，史蒂夫·德·沙澤和他太太，加上茵素·金·柏格（Insoo·kim Berg），共同發展出焦點解決治療。德·沙澤和伯格影響許多厲害的治療師，包括伊馮·多蘭（Yvonne Dolan）、米歇爾·威納－戴維斯（Michele Weiner-Davis）、比爾·歐漢隆（Bill O'Hanlon）和史考特·米勒（Scott Miller）。米勒後來發展出他自己的治療風格，稱為告知成果治療。歐漢隆，焦點解決學派的創始人之一，曾經直接跟隨艾瑞克森學習，同時也受到神經語言學（NLP）的影響，發展出他的個人風格：可能性治療。

格雷戈里·貝特森也對其他領域有許多影響，包括人類學領域的影響，這主要是因為世界聞名的文化人類學家瑪格麗特·米德（Margaret Mead）（她嫁給貝克森）。在傑·海利和克羅伊·麥丹絲（Cloé Madanes）離婚後，嫁給海利的瑪德琳·瑞瑟波特（Madelin Richeport）是艾瑞克森專業上同事，也是艾瑞克森家族的好友。瑞瑟波特和海利兩人共同寫了一系列重要書籍，並錄製艾瑞克森影帶。

另有一個荷蘭團隊，他們學習策略式治療，以及 MRI 治療風格，發展出指導治療（Directive Therapy）。這個團隊包括了理查·

范‧戴克（Richard Van Dyke）、阿佛列德‧藍能（Alfred Lange）和歐農‧范‧德‧哈特（Onno van der Hart）。

艾瑞克森的「傳記作家」是恩尼斯特‧羅西（Ernest Rossi）。羅西（Rossi）寫下的關於艾瑞克森的書籍，比任何人都還要多。他一開始去找艾瑞克森是想要當個案。羅西是一位榮格取向治療師，他寫了一本關於夢的書，艾瑞克森讀過之後，很欣賞羅西寫作的天分。艾瑞克森和羅西兩人最終一起寫了四本書，主要內容是關於艾瑞克森教導羅西如何做催眠和催眠治療的種種。羅西寫出很多關於誘發模式（elicitation model）的文章。他提醒我們，催眠是誘發出來，不是引導出來的。「引導」（induction）這個詞帶有一種意義，即權威的催眠師把催眠暗示強加到個案身上，個案被動接受。換言之，傳統催眠模式是「由外而內」。相反地，「誘發」（elicitation）這個詞是一種合作，是個案的催眠狀態「由內而外」發生，是催眠所帶出來的資源，產生了良好的療效。

艾瑞克森和羅西合寫的書籍有：《催眠的現實》（*Hypnotic Realities*, 1976）、《催眠治療：探索案例集》（*Hypnotherapy: An Exploratory Casebook*, 1979）、《體驗催眠》（*Experiencing Hypnosis*, 1981），以及《二月男人》（*The February Man*, 1989）。羅西也與其他人合作編輯了四本書，內容是根據艾瑞克森在一九五〇到六〇年代間教導工作坊的逐字稿而改寫。艾瑞克森基金會所整理出版的《艾瑞克森大全》（*The complete Collected Works of Milton Erickson*）包含了羅西和艾瑞克森的八本書，也還有其他著作。羅西持續把艾瑞克森的治療工作運用在神經生理框架上，發展出他自己的治療取向：社會心理基因學。

理查・班德勒（Richard Bandler）和約翰・葛蘭德（John Grinder）是神經語言學（NLP）的創辦人。葛瑞德是語言學家，他精通諾姆・喬斯基（Noam Chomsky）的蛻變文法（transformational grammar）。蛻變文法的元素被用來分析艾瑞克森模式的治療方法。NLP對世界的主要貢獻之一就是仿效卓越（modeling excellence）的概念。艾瑞克森是NLP的模仿對象，維琴尼亞・薩提爾（Virginia Stair）也是NLP效仿卓越的代表之一。班德勒和葛蘭德合寫的其中一本重要著作就是《催眠天書》（*Patterns of the Hypnotic Technique of Milton Erickson*, Volume I, 1975）。這本書解析了艾瑞克森的高超治療模式。

另一位透過NLP、班德勒和葛蘭德遇見艾瑞克森，並跟隨他學習的治療大師，是史蒂芬・吉利根（Stephen Gilligan）。他發展出自己的治療風格，稱為「自我關係療法」。其他著名的NLP大師包括羅伯特・迪爾茲（Robert Dilts）、史蒂芬・安卓斯（Steve Andreas）和大衛・高登（David Gordon），他們都曾跟隨艾瑞克森學習。

米歇爾・瑞特曼（Michele Ritterman）和岡瑟・施密特（Gunther Schmidt）也跟艾瑞克森學習，並且透過艾瑞克森的啟發，而在專業上有所成就。這兩位都是系統與家族治療學派的大師，而施密特在歐洲治療學界有極大影響力。

卡米洛・羅利耶多（Camillo Loriedo）和卡羅・可蕭（Carol Kershaw），這兩人是間接受到艾瑞克森影響，並且在家族和伴侶治療上有所成就。可蕭在伴侶治療的書是治療學術界相當重要書籍。最近，她和她的先生比爾・韋德（Bill Wade）合寫了一本運用

神經生物原則來增進治療效果的書籍。羅利耶多教授是艾瑞克森基金會董事會成員之一，也是歐洲有名的治療培訓講師。美國的喬伊斯・米樂絲（Joyce Mills）和瑞士的蘇西・辛格－費雪兒（Susy Signer-Fisher），這兩人都間接受到艾瑞克森影響，把艾瑞克森學派原則應用在兒童治療上。

　　還有許多心理治療領域的重要人物都間接受到艾瑞克森影響。佩姬・帕（Peggy Papp）在納森艾克曼機構（Nathan Ackerman Institute）把策略性溝通元素整合在她的治療裡。梅姬・菲利浦（Maggie Phillips）和瓦德瑪・哈特曼（Waldermar Hartman）把艾瑞克森精神運用在自我狀態治療（Ego State Therapy）的發展上。加拿大的丹尼・布利尤（Danie Beaulieu）發展的衝擊療法（Impact Therapy），和澳洲學者喬治・布恩斯（George Burns）發展的自然引導療法（Nature-Guided Therapy），都深刻地受到艾瑞克森精神所影響。

　　當我們提到後現代艾瑞克森學派，史蒂芬・蘭克頓和卡羅・蘭克頓（Stephen Lankton and Carol Lankton）長時間跟隨艾瑞克森學習，撰寫一系列書籍，並發展他們自己風格，其中一本是《內在答案》（*The Answer Within*, 1983）。史德奈・羅森（Sidney Rosen）寫了一本《催眠之聲伴隨你》[1]（*My Voice Goes with You*, 1982），這是艾瑞克森教課故事的合集和分析。賀伯・拉斯提格（Herbert Lustig）替艾瑞克森拍攝許多重要教學錄影。布蘭特・吉爾利（Brent Geary）和我合編兩本書：《艾瑞克森學派治療取向手冊》

1　【編註】中文版由蕭德蘭譯，生命潛能出版。

（*The Handbook of Ericksonian Therapy*, 2002）和《米爾頓艾瑞克森書信集》（*The Letters of Milton Erickson*, 2000）。吉爾利是艾瑞克森基金會培訓主任。艾力克斯（Alex）和安妮蘭・辛普金斯（Annellen Simpkins）是艾瑞克森基金會月刊的書籍評論編輯，他們運用神經生物學文獻來書寫他們的治療模式著作。艾瑞克森的三個女兒卡蘿（Carol）、貝蒂・愛麗絲（Betty Alice）和羅珊娜（Roxanna Erickson Klein）鍛鍊自己並教導艾瑞克森學派治療。貝蒂・愛麗絲寫了一本關於她爸爸的書。羅珊娜寫了一本書，將經驗性治療運用在成癮問題上。她同時也是艾瑞克森基金會董事會成員。麥克・雅普克（Michael Yapko）和馬里莉雅・貝克爾（Marilia Baker）這兩人雖然從未遇見艾瑞克森，卻深受其影響和啟發。

雅普克將催眠運用在憂鬱症治療上，撰寫多本關於催眠治療憂鬱症的重要著作。馬里莉雅・貝克爾撰寫了艾瑞克森夫人的傳記。

在國際上有許多艾瑞克森學派卓越貢獻者，他們都是艾瑞克森基金會分支負責人，包括墨西哥的德瑞莎・羅伯斯（Teresa Robles）、澳洲的羅伯・麥克里尼（Rob McNeilly）、德國的博客哈德・彼得（Burkhard Peter）和奔哈德・權克爾（Bernhard Trenkle）。權克爾也是艾瑞克森基金會董事會成員，是一位多產作家、心理學大會主席和國際培訓講師。

在巴西，艾瑞克森學派專家包括安潔拉・蔻塔（Angela Cota）、荷西・奧古斯多・曼多卡（Jose Augusto Mendonca）和蘇菲亞・包爾（Sofia Bauer）。日本艾瑞克森學會已經活躍數十年。在歐洲的艾瑞克森學派專家很多，尤其是在德國、法國、荷蘭、瑞典、波蘭、奧地利和義大利。

用短短篇幅要來列出所有後現代艾瑞克森學派的大師們貢獻幾乎是不可能，因為他們的貢獻浩瀚，有些是撰寫書籍和重要文章。還有許多國際專家，我們沒有在這裡列出，他們在各自國家教導艾瑞克森學派，並出版艾瑞克森治療相關文章和書籍。

　　雖然艾瑞克森在 1980 年過世，他的治療方法依然在世界各地廣為宣傳並不斷演化。我們從他的治療工作收穫許多，但還有許多東西需要被理解、被整理歸納，也還有許多艾瑞克森醫師所運用的方法尚未被適當擷取使用。我們無法全然瞭解他如何運用溝通的細微變化來產生療效：他如何運用聲音韻律、聲音節奏、聲音方向改變來對個案產生重大影響。他是偉大的探索者，尋找溝通的輸出頻道來產生同頻共振效果。最近，我開始學習藝術，藉以瞭解溝通的隱藏本質，瞭解藝術家所創造的精微影響力，這會幫助我更好瞭解艾瑞克森所做的事情。

　　這些治療大師們總是臉上帶著光地描述艾瑞克森對他們的深刻影響，而這些影響也持續擴大幫助更多人。

第五章

「狀態」：改變的地圖

　　人類經驗可以區分為三個面向：情緒（emotion）、心情（moods）和「狀態」（"states"）。首先，讓我們瞭解一下情緒。有別於一般地方方言的溝通方式，科學家小心地檢驗情緒這個字的定義概念。科學家帶著一種具體且客觀的態度研究情緒，認為情緒是一種稍縱即逝，有適應性，而且是本能的經驗。一個關於情緒的重要演化觀點是，情緒就像是馬克筆，用來調節社交距離，靠近或是遠離。當代偉大的情緒研究學者，保羅・艾克曼（Paul Ekman）[1]，發現有六種人類天生的臉部情緒表達是一樣的，包括：快樂、悲傷、厭惡、驚訝、生氣、恐懼。

　　既然情緒是生物性的，我們似乎可以將之理解為一個人類運用在他們本能經驗上的認知標籤。人類經驗有別於其他生物，有數百種的情緒和感覺。在英文裡，每個情緒都有一個相對應的字來表達。如果有某個經驗需要使用超過一個英文字來表達，這可能就不是那個人想要表達的情緒。

　　科學家將情緒和心情區分開來。相較於情緒是稍縱即逝，心情

---

1 【編註】艾克曼的名著為《心理學家的面相術：解讀情緒的密碼》，中文版由易之新譯，心靈工坊出版。

是一種長久穩定的狀態。人們可以經驗到較長時間的正向以及負向心情。當人們來尋求治療時，通常他們感覺困在一個負面且無能力改變的心情裡。

其他類似的人類經驗存在，不容易去分類為情緒或是心情。我將這些事件定義為「狀態」。例如，活在當下對大多數人而言是一種熟悉的「狀態」，但是我們無法說它是一種情緒。即使對他人在情緒上同在，也不見得被認為是處在一個情緒中，有沒有可能是替人著想、正向態度、負責任、有韌力這些詞呢？這些人類經驗無法被定義為情緒或心情，所以將它們定義為「狀態」是比較正確的。

「狀態」是一種複合體，包括了人際互動、情緒、記憶、心情、態度、信仰和習慣。「狀態」是「症候群」，不是單獨個體。當我們提到美尼爾氏症（Meniere's disease）或是纖維肌痛症候群（Fibromyalgia），它們本身不是單獨個體，而是許多元素的集合體。同樣地，「狀態」是一個許多經驗集合體的「專有名詞」。「狀態」這個詞讓人們方便且容易去溝通他們的立即性經驗，帶給人們很大的便利性。就像是情緒一樣，「狀態」也可以作為社交界線馬克筆。

我把「狀態」這個字用引號特別標注出來，是有特別用意的，也有歷史根據。二十世紀一個「非狀態」（non-states）先驅理論學者叫巴伯（T. X. Barber, 1969），他將「催眠」（"hypnosis"）這個字用引號標注出來，用來強調他的催眠行為導向，他說催眠主要是一種任務激勵的行為。事實上，他的引號用錯地方了。「狀態」才是需要用引號的字詞，不是催眠這個字。我這樣說是要強調客觀化「狀態」的模糊和虛幻本質。

「狀態」是無定形的，很難客觀定義它。我們知道地心引力存在於物理學裡，我們知道音樂存在於藝術裡。但是音樂和地心引力都是一種無定形的詞彙，無法用客觀的角度來定義。所以「狀態」是主觀現實，我們從共通經驗裡得知。「狀態」也是現象學上的現實，是活過的經驗的一部分；他們不是固定的，會隨著時間和情境的改變而改變。「狀態」最主要發生在人們身上；它們有一種很強烈的人際互動價值，能夠調節方向，或許就如情緒或是心情。

　　在下面列出的「狀態」清單裡，既不是理解性的，也不是科學性的。它是設計用來幫助讀者了解在情緒、心情、和「狀態」之間的差別。

「狀態」

　　在左邊列出的粗體字是正向「狀態」，在右邊列出的是相反的，問題的「狀態」。

表 5-1　各種正／反向狀態

連結（Connected）	分離（Detached）
清楚（Clear）	困惑（Confused）
正確理解（Correctly perceiving）	錯誤理解（Misperceiving）
勤奮的（Industrious）	懶惰的（Lazy）
愉快的（Pleasing）	處罰的（Punishing）
懇求（Entreating）	命令（Demanding）
建設性（Constructive）	批判性／輕蔑的 （Critical/Contemptuous）

思想開明的（Open-minded）	帶有偏見成見的（Prejudiced）
體恤的（Compassionate）	冷漠的（Unfeeling）
善良（Kind）	不友善的（Unkind）
負責任的（Responsible）	不負責任的（Irresponsible）
有能力的（Coping）	失功能的（Falling apart）
機警的（Alert）	遲緩的（Deadened）
存在的（Present）	不存在的（Absent）
專注（Focused）	渙散（Diffuse）
和諧（Harmonious）	對立（Oppositional）
助益性的（Helpful）	競爭性的（Competing）
合作（Cooperative）	不合作（Uncooperative）
原諒（Forgiving）	不原諒（Unforgiving）
脆弱的（打開） （Vulnerable, Open）	堅硬的（封閉） （Hardened, Closed）
獨立的（Independent）	依賴的（Dependent）
有啟發性的（Inspirational）	沒有啟發性的（Uninspiring）
同意的（Agreeable）	不同意的（Disagreeable）
有韌性的（Resilient）	不堪一擊的（容易受傷） （Vulnerable, Easily Hurt）
活潑的（Social）	退縮的（Withdrawn）
大方的（Generous）	吝嗇的（Miserly）
激進的（Liberal）	保守的（Conservative）
冒險的（Adventurous）	抑制的（Inhibited）
追求（Pursuing）	逃避（Avoiding）
利他的（Altruistic）	利己的（Self-serving）
替人著想的（Considerate）	不替人著想（Inconsiderate）
謙卑（Humble）	驕傲（Inflated）
記得的（Remembering）	忘記的（Forgetful）
誠實的（Honest）	欺騙的（Deceptive）
沉著的（Contemplative）	衝動的（Impulsive）
授權的（Delegate）	事必躬親（Micromanage）

覺察的（Aware）	不覺察的（Unaware）
帶領（One-Up）	跟隨（One-Down）
強壯（Strong）	無能（Impotent）
正向（Positive）	負向（Negative）
調和（Attuned）	走音（Not attuned）
共情的（Empathic）	冷漠的（Uncaring）
信任（Trusting）	懷疑（Suspicious）
堅持（Persevering）	放棄（Apathetic）
專注的（Concentrated）	分心的（Distracted）
細心留意（Attentive）	心不在焉（Inattentive）
盡責的（Conscientious）	粗心的（Careless）
有心（Praising）	無心（Thoughtless）
有耐心的（Patient）	急下定論的（Criticizing）
有道德的（Moral）	沒道德的（Immoral）
相信（Believing）	懷疑（Doubting）
當下（Present）	心不在焉（Preoccupied）
尊重（Respectful）	不尊重（Disrespectful）
參與（Engaged）	不參與（Disengaged）
原諒（Forgiving）	不原諒（Unforgiving）
有策略（Diplomatic）	無章法（Tactless）
謙遜（Humility）	自戀（Narcissism）
積極（Assertive）	消極（Passive）
自信（Assertive）	攻擊（Aggressive）
擔心（Concerned）	不擔心（Unconcerned）
精密（Sophisticated）	粗糙（Boorish）
連結（Connecting）	阻斷（Stonewalling）
創造力（Creative）	平淡無奇（Prosaic）
易親近（Emotionally Available）	疏離（Distant）
冷靜（Calm）	瘋狂（Frenzied）
果決果斷的（Decisive）	優柔寡斷的（Indecisive）
信念（Faith）	懷疑（Doubt）

這些「狀態」跟心理治療有什麼關聯呢？很多時候個案尋求心理治療，是因為覺得困在自己的情緒裡，但有更多時候，他們其實是困在「狀態」裡。有時候他們尋求心理治療，是因為他們在跟家人、朋友、同事等等關係的「狀態」裡感到困擾，在這種情況下，希望尋求別人幫助他們改變「狀態」。

治療師需要有一種能力，以幫助個案獲得適合的「狀態」，然後消滅不適合的「狀態」。通常，治療師手邊用來完成這個任務的工具有限。因此，學習和練習催眠有其立即的實用性。催眠引導的技術是一種改變「狀態」的技術，一旦治療師學會如何建立催眠的「狀態」，他們會找到一個方向，幫助他們去改變其他的「狀態」。這是一種訓練的轉移，就像一個人學會了騎腳踏車，要騎摩托車就容易多了。

傳統的治療師相信改變「狀態」是心理治療介入的副產品而已。為了能夠更清楚了解，我們用車子作一個譬喻，這是我從威廉‧葛拉瑟（William Glasser）的理論衍生來的想法。

車子的兩個前輪代表了思想和行為，兩個後輪代表了生理和「狀態」，包括了感覺、感知、心情／情緒。車子的前輪是驅動的，後輪是固定的，後輪會跟隨前輪的方向而移動。

治療師通常會運用治療技巧去改變個案的思想和行為，然後預期「狀態」和生理會隨之改變。思想和行為好像有較高的可塑性，個案可能有較高的意願去改變。我們可以把它看成思想和行為是存在於意識領域的活動，然後「狀態」／感知／心情／情緒和生理是存在在無意識活動的領域。

順帶一提，我們假設這車子行駛在特定情境下，改變情境就改

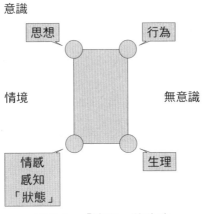

圖 5-1 「車子」的比喻

變了這車子。我們可以把改變情境看成是整體系統的改變。當一個治療師學習家族治療時，他是學習一個寶貴的改變技術（我們知道一個成功的家族治療可以改變生理狀態，像是改變一個患有糖尿病的小孩的血糖指數）。

然而當一個治療師學習催眠時，他瞭解到這車子可以是四輪驅動。我還記得很早以前的一九七○年代，當我還是一個研究生時，我第一次去聽一個關於催眠的演講，很熱切地看著演講教授在一個醫生身上作了一個催眠引導示範。當那個醫生進入催眠的狀態時，教授給了手臂漂浮和手套麻醉的暗示語。一個手術用的針頭插入那個醫生的手掌上，那個醫生不但沒有感覺到任何的疼痛，還被暗示了不會有任何的血流出來。那個示範讓我下定決心要研究催眠。那個演講的教授有能力去影響和改變「狀態」和生理，而我想要學習這樣的能力。他們瞭解到車子可以是四輪驅動，運用催眠來改變後輪或是前輪都是可能的。在那個年代裡，身體心理連結的概念在西

方世界還沒開始流行。

有些時候，單純只是運用催眠的技巧就可以有一個舒緩的效果。我們繼續使用車子這個譬喻，想像我們開一台手排車。如果要從倒檔進到一檔，一定要先經過空檔的部分。停留在空檔的時間是很短暫的，但那是必要的。

當個案來尋求心理治療時，就好像個案是在倒檔的狀態，困在自己的人際關係、感覺和有限的互動裡。一個成功的催眠引導可以幫助個案從一個僵固的問題「狀態」進入到空檔的「狀態」，也可以讓個案有一個客觀的參考經驗，瞭解到他可以改變自己的「狀態」。有些時候，進入到「空檔」的催眠經驗就可以被當成是一個系統裡決定性的治療技巧；藉由改變「狀態」產生的動力，可以在個案身上激發能量，讓個案前進、改變或產生解決問題的能力。

這本書有一個中心思想：催眠本身是一個「狀態」。如果我們把催眠當成是一個單一的事件操作，這是一種認知上面的錯誤。催眠是一種症候群，是由一群可被定義的元素所組成的綜合體。有許多的研究、理論和實務操作都把催眠認為是一個單獨存在的，這很容易讓人困惑。催眠是經由將個案引導到許多元素裡而誘發出來的。瞭解催眠裡各個元素的本質可以幫助治療師更清楚地瞭解問題和解答的本質，而進一步協助改變的過程。

我們接著思考另一件事：某些特定的「狀態」是我們可以獨自進入的。舉個例子，祈禱或是冥想可以獨自進行，而不需要旁人引導。自我催眠不需要催眠師就可以獨自完成，這某種程度上容易造成它跟以下這些「狀態」混淆，像是冥想、積極想像、自律訓練、放鬆、正念減壓。我們可以合理地考量有些狀態跟人息息相關，像

是保持連結、謙遜和誠實。催眠，在這本書裡的定義是一種「狀態」，而這種狀態必須發生在人際關係的互動裡。

在艾瑞克森博士的工作裡，「狀態」是很重要的。我常說，我們實在很難去區分何時艾瑞克森博士是在教學，何時在做心理治療，何時在做催眠。這三個領域有某種結構上的相似性，讓我們很難去一一區分清楚。當艾瑞克森在做治療、在教導、在做催眠時，他都是在誘發不同的「狀態」。

不同於一般的老師教導知識，艾瑞克森博士是在教導如何影響和改變「狀態」。以下舉一個例子。

我之前有提到，當我還沒有搬到鳳凰城之前，每次我去拜訪艾瑞克森博士我都待在他家的客房裡。在客房的衣櫥裡，有個裝滿了盤式錄音帶的箱子，內容都是艾瑞克森在 1950 年到 1960 年間的演講錄音。當我問起這些盤式錄音帶時，他同意我聽這些錄音帶，並把這些盤式錄音帶轉錄成卡帶，以便更好地保存。

在 1950 年到 1960 年間，艾瑞克森演講的對象大部分是醫師；幾乎沒有什麼心理治療師，因為那個年代心理治療專業才剛誕生沒多久。艾瑞克森的其中一個演講讓我很困惑。我告訴艾瑞克森，他的演講讓我感覺像是一個很長的催眠引導。他同意我的推論，並且說他從來沒有聽他自己過去的演講。他說他不是在教導教條，而是用演講來激勵聽眾。

我對於他的回答感到很迷惑，花了一些時間才能瞭解他的意思。我從小學到研究所的老師，都在教導我學習許多的知識，所以當艾瑞克森說他刻意不去教導知識時，我感到很迷惘。慢慢地，我瞭解他的想法。他擅長誘發「狀態」。他在教導的是如何由內而外

誘發出有彈性的「狀態」——關於知識的部分，我們總是可以從書本上學習到的。

第六章

當達利遇見艾瑞克森：
一個經驗式的簡介

身為當代催眠之父，艾瑞克森打破傳統，創立一個全新的催眠方法和催眠心理治療。為了運用隱喻溝通來表達艾瑞克森的創新理論和催眠治療方法，我試著用繪畫藝術的演化史作為平行溝通，來理解催眠的進化過程。

就算繪畫風格和技巧多到數不清，畫家還是會受限於某種傳統的約束，舉例來說，繪畫必須創作在畫布上。然而，在那個畫布裡，畫家可以盡情表達個人風格。繪畫的「戲劇化效果」是一種介於受限的畫布和藝術家的表達方式之間的張力表現。隨著時間進展，新的繪畫技巧被發明出來，傳統的限制隨之演化，為繪畫表達和觀看繪畫的感受創造了全新路徑。

繪畫的演化史從古典藝術到印象派、超現實主義派，到當代藝術，突顯了數種繪畫技術的發展：繪畫領域藉由不同視野的使用，大量使用大膽色彩，到大比例的抽象化，逐漸展現成熟風格。隨著歷史演進，不僅僅是繪畫技巧改進，畫家的目標也改變了。在早期畫風，畫作通常呈現給觀畫者一種存在的寫實景像。畫作的主要的目的是提供觀畫者有一個靜止的歷史觀點，表達寫實看法。

隨著作畫技巧演進，更多抽象畫風出現，表達性藝術取代單純

反映一個靜止的寫實畫像。隨著印象派畫風出現，畫家加入了觀畫者的角度，共同創作一個當下感受。反映和保存歷史的古典畫派隨之沒落。相對的，畫家將重心放在強調畫作和觀畫者間的互動。畫家的畫風進入到當下這個片刻，而不再只是歌頌歷史。舉例來說，莫內（Monet）可以只是畫出線條，看畫的人會產生睡蓮的印象。畫家在此時期的作品仍然偏限在畫布裡。

人類的本性有一個傾向，至少有些人是這樣，就是想要透過創新來反對限制和禁令，有些時候這種傾向會變成叛逆。叛逆不見得是壞事，因為叛逆會擴張我們的界線和領域。因為印象派的貢獻，鋪陳了一條大道給反叛的前衛藝術家盡情發展。為了展現更大膽、更前衛的作風，更能夠表現他們的藝術概念，畫家畫在畫框上面，而不是畫布上；畫在牆壁上而不是畫框或畫布上。然後薩爾瓦多‧達利（Salvador Dali）就在此時出現了。

在 1989 年達利過世前，我有機會到巴黎的龐畢度國家藝術和文化中心觀看達利的畫展。在這個畫展裡，達利用一種極度創新的方式表達他對畫框的叛逆。兩個巨大而且相似的畫布並列著。每塊畫布裡是由許多不同顏色的小方格構成的。這些許許多多的小方格裡本身就存在一種藝術了；它們包含了「達利式」的圖像和象徵，像是融化的時鐘和拉長的動物身軀。

在離這個大型的畫布大約近四點六公尺的距離，達利在一個鏡座上放了一個立體鏡。當我們透過立體鏡來看這兩個畫布時，就呈現出一個完整融合的畫作。然而，在這個融合畫作中央，有某部分的圖像是晃動不穩定的，某些特殊的東西我想只能稱為是「視覺困惑」。要進一步理解這個複雜的圖像，看畫者必須耐心等待他的大

腦轉化到一個「較高的視野角度」。想要用意識的方法來努力是不會成功的。如果我們用一種自然存在的方式來面對這個問題，頭腦會找到一個新的方式去組織、架構這個複雜的圖像。如果我們讓這個心亂神迷的視覺困惑被「自動化」消融，頭腦會突然清醒過來，進入一個全新觀點。一個視覺畫面突然從畫作的平面上出現：這畫作中間還有一個方塊。這個新的方塊是盤旋在這個融合的畫作的正前方空間裡。你可以說它是幻象，但它不是幻象。它真實存在著。

　　但是，殘留的視覺困惑所帶來的中央方塊還是在我們的腦海中繼續盤旋著。如果觀眾繼續感受著那個困惑的畫面更長些時間，觀眾的大腦會提升更高的地方，最終把畫作的感受消融在心裡。第二個方塊會出現在第一個方塊的前方。

　　帶有一種複雜，表達他的叛逆，以及大師等級的畫作能力，達利成功地創作一個多維度藝術，從原本的畫作區隔開來，在許多小方格裡面的「圖像」溶解結合，在立體的視覺觀感裡創造出兩層盤旋的方塊。

　　達利不會用說教的方式來表達對於傳統畫框限制畫作的不滿，相反地，他用一種戲劇化的方式打開人們的視野感官。他打破傳統限制，創造跨時代的技巧——運用雙眼視覺的差異，視覺感官的微妙變化，來創造出立體的視覺印象。達利讓觀眾也變成畫作的共同參與體驗創造者。與其被動地觀賞畫作，觀眾可以下意識地接受刺激，讓畫作生靈活現地呈現在眼前。因為這樣體驗是觀眾親身經歷，會更加印象深刻。達利將觀眾從傳統的看畫方式帶領出來，進入一個深刻、有如幻覺、全新的感官世界。而且這個全新畫作還是在畫框裡。

米爾頓‧艾瑞克森也是同樣地將催眠和心理治療帶到一個全新境界。有別於傳統制式化、權威性的催眠治療，艾瑞克森運用量身訂做的經驗式催眠治療，誘發並順勢運用個案內心潛在的資源。他的催眠方法大量使用互動式溝通，這跟傳統催眠是完全不同。艾瑞克森運用多層次溝通，由內而外地創造去穩定化的效果，這會挑戰個案，而讓他們去消化吸收獨特體驗。艾瑞克森不會試著去解釋、詮釋或是面質個案現實生活中的問題。相反地，艾瑞克森這種獨特方法會造成情緒、感覺、行為和「狀態」等各方面的改變。

我用一個案例說明艾瑞克森醫師如何誘發生生不息的效果，在這案例裡，我是個案（Zeig 1980, 1985）。一個辯護律師為了一樁謀殺案聯絡艾瑞克森，並說他相信警察不適當地使用了催眠，誘導謀殺案證人的記憶回溯。艾瑞克森醫師過去曾經培訓過鳳凰城的警察局特種警官，教導他們如何運用調查相關的催眠技巧，在這個特殊專案中，他曾經教導過這位使用催眠技術的警察。辯護律師詢問艾瑞克森是否願意觀看這個警察催眠證人的影片，並上法庭作證。艾瑞克森醫師說他太老了，他叫這位辯護律師來找我幫忙。

我告訴辯護律師說，我是新手心理學博士，而且我從來沒有上法庭作證的經驗，但是我很願意提供些意見，看看這個催眠過程是否干擾了證人的回憶內容。辯護律師說，在夠邀請我上法庭作專業證人之前，要先讓法官看過我的專業認證，以得到許可。他告訴法官說，我是受訓於世界知名的催眠權威艾瑞克森醫師門下，然後我的專業認證就被接受了。

幾天之後，這個案子的檢察官找上艾瑞克森醫師。檢察官說，這是一個很重要案件，在這個案件裡，催眠被質疑是否可以有效地

在法庭上當作呈堂證供的一部分。艾瑞克森醫師告訴檢察官，因為身體健康不好，所以他不能出庭作證。但最終艾瑞克森醫師同意提供一份正式報告，可以公開在法庭上當作專業證詞。

當檢察官將艾瑞克森的專業認證送上法庭時，檢察官寫到，「就如同辯護律師承認米爾頓·艾瑞克森是世界知名催眠權威，我們希望艾瑞克森醫師本人能夠就這個案子給出專業意見。」當然，法庭也通過了艾瑞克森醫師的專業認證。儘管他的身體很虛弱，艾瑞克森還是坐上警車到了警察局一趟，去觀看這個催眠帶子，這也代表了他非常重視這個案件。

所以，現在是艾瑞克森醫師站在檢察官那邊，薩德博士站在辯護律師這邊。想當然爾，我當然是有點緊張。我問艾瑞克森醫師，為什麼他決定要作證。「你還有一些東西要學，不是嗎？」他用開玩笑語氣說著，我回答，「你說的沒錯。」我想了一下，我接著說，「艾瑞克森醫師，關於這個出庭作證我有點緊張，你可以幫我做個治療嗎？」

他看向地板，有點猶豫。我知道他的治療藝術正在出現，很有可能是用說故事方式呈現。艾瑞克森醫師接著說這個故事，並給我建議：「我認識這個辯護律師。」

他解釋著，多年前他幫助過一個父親在法庭上作證，是關於小孩監護權的案子。他相信那個母親有嚴重的心理問題，而且有可能虐待小孩。他認為父親是擁有小孩監護權的最佳人選，但在那個年代，母親通常可以獲得法院判決，而成為主要監護人。艾瑞克森醫師說，他推論母親那邊的辯護律師是難相處的人，因為在一個開庭前的會議裡，父親的律師沒有獲得任何有關母親的資料，以提供

給艾瑞克森醫師。到了艾瑞克森醫師準備要出庭作證的那天，他才知道對方辯護律師準備了十四頁的提問要來反駁艾瑞克森醫師的證詞。母親方的女辯護律師用一個挑戰性的開場白來質問艾瑞克森：「艾瑞克森醫師，你說你是精神科專家，請問誰賦予你這個權威？」

「我代表我自己的權威，」他回答。艾瑞克森醫師知道，如果他說了任何一個人來代表他的權威，這個準備十足的律師會試圖透過權威之間的衝突，以及精神醫學普遍存在的臆測性的習性，攻擊他的專業。

這個律師接著試探性地問，「艾瑞克森醫師，你說你是精神科專家……精神科是什麼？」艾瑞克森醫師提供以下答案：

我可以給妳一個例子。任何精通美國歷史的人會知道賽門葛蒂（Simon Girty）這個人，他又被稱為「骯髒葛蒂」（Dirty Girty）。任何不清楚美國歷史的人，不會知道賽門葛蒂……同時被稱為骯髒葛蒂（Dirty Girty）。任何一個美國歷史專家都應該知道賽門葛蒂是誰……同時也叫骯髒葛蒂。任何一個美國歷史專家一定會知道賽門葛蒂，又叫骯髒葛蒂。

艾瑞克森醫師告訴我，當他這樣說時，他抬頭看了一下法官，法官把頭埋在雙手裡在笑；法庭打字員忙著在桌子底下找他的鉛筆；然後父親方的辯護律師很努力地強忍住不要笑出來。

母親方的辯護律師把這些提問放到一邊，說，「我沒有進一步問題了，艾瑞克森醫師。」

當艾瑞克森醫師講完這個故事，他抬頭看我，說，「這個母親的辯護律師名字……叫做葛蒂（Gertie）。」艾瑞克森博士接著說，在接下來幾次，當父親方的辯護律師遇上母親方的辯護律師咄咄逼人時，他總會提到這麼一個故事叫「骯髒葛蒂」。

　　當我沉浸在艾瑞克森的故事裡，心裡同時感覺到五臟六腑糾結困惑。到底艾瑞克森要告訴我什麼？他在傳達什麼訊息給我？

　　為了要瞭解他給的「建議」，我必須要讓我的大腦切換到一個較高視野；我必須要拆開他給我的「禮物」，然後找到那個隱藏含意：相信你自己足夠好！運用你所知道的一切！你的無意識（unconscious）會在你最需要的時候突然提供你最好資源！不要被環境給嚇到了！你可以做到超乎別人想像的程度！不要把自己限制在既定角色和行為裡！你可以運用你從催眠裡面學到的方法，包括嵌入語句！

　　如果艾瑞克森醫師用一種清楚明白指示的方法回應我的要求，我可能會很感謝他給的建議，然後過一會兒就忘了。然而，當這些建議用一種抽象、間接的說故事方式傳遞給我時，它們突然變得活靈活現。這個故事讓我有些困惑，但我自己必須努力從中萃取隱含的意義，使它變得鮮明生動。

　　現在，不管何時我上法庭作證，總是會有一個畫面盤旋我腦海中。這影像不是真的，但是我「看見」了它。這畫面是我和艾瑞克森醫師坐在他家客廳裡，他在告訴我「骯髒葛蒂」這個故事，然後我們笑得很開心。他笑到幾乎喘不過氣來，而我因為他笑得很開心而開心地笑。毫不費力氣從我內心深處浮現的畫面，以及伴隨而來的愉快心情，兩者都包含了一個重要元素——幽默。每當我要走

進法庭裡，我會在心裡看到那個「幻象般」的畫面以及隨之而來的愉快心情，這個經驗毫無疑問地改變我的觀點，也徹底改變了我的「狀態」。

艾瑞克森醫師的故事幫助我發展一個內在資源，用以完成我要面對的挑戰，這些挑戰在過去是令我害怕的，而這個改變完全沒有使用到任何標準催眠技巧。事實上，完全沒有任何催眠引導。艾瑞克森醫師用了一種他稱為「自然催眠」的方法。

在這個案例裡，艾瑞克森醫師運用了一種自然的催眠，而不是正式的催眠方法。一旦你學會催眠引導的基礎，你可以在其他心理治療學派上運用這些經驗式的方法。我提出「骯髒葛蒂」這個案例，是為了要讓讀者更加瞭解：當你繼續閱讀這本書時，記得一種可能，即，我們可以運用催眠原則來強化其他非催眠式心理治療方法。學習催眠可以提供你新觀點，讓你知道如何更好地達成治療目標。為了更加瞭解催眠，我們先來探討傳統催眠。

【後續】當時這個被告被判有罪，我們的共同案子告一段落，艾瑞克森醫師和我討論了我們所學到的東西。我們都同意關於這個案子，催眠並沒有被不當使用。事實上，艾瑞克森醫師說，因為調查的警官使用標準化的催眠技巧，所以對於被催眠的證人幾乎沒有任何影響。

第七章

傳統催眠模式：簡介

傳統催眠和艾瑞克森催眠的差別在於如何產生改變。傳統催眠講究威權性，而艾瑞克森學派則是包容兼具。

艾瑞克森學派可以看成是一種「由內而外」（inside out）的治療方法，改變是個案的內在被受刺激並而誘發產生。相反地，傳統催眠的方式是「由外而內」（outside in）。傳統治療裡，治療師很習慣把直接指令加在被動的個案身上，例如，治療師會跟焦慮個案說：「你會更放鬆一些……」，對於想戒菸的人就說：「香菸聞起來和嚐起來感覺很不好。」

傳統催眠在治療中有它的地位。威權性的建議有時候也是有效的。但是更多時候，直接建議並不足夠，這正是艾瑞克森學派更加有效之處。

在檢視艾瑞克森催眠學派之前，我們先來探究傳統催眠的發展框架。以下是傳統催眠架構的濃縮版本。如果需要進一步了解，可以參閱克洛格（Kroger, 1977），威茨霍夫爾（Weitzenhoffer, 1989）或是史皮格爾（Speigel & Speigel, 1978）這三本著作。對於我書中觀點的評論可以參閱威茨霍夫爾（1994）的書。

表 7-1　傳統催眠的架構

催眠引導前	催眠引導	深入	治療主軸	結束
建立關係	放鬆	直接暗示	正向暗示	「控制權」交還給個案
診斷	集中注意力	使用量表	負向暗示	建立意識連結
認出並破除催眠迷思		數數字		建立意識組合
診斷可被催眠能力		圖像引導以及想像力		確認催眠
		非語言溝通		
		催眠現象測試		建立自我

傳統催眠模式

　　傳統催眠模式包含了接續發生的五個階段，每個階段有個特定目標和催眠師／個案的做法。我會提供一個簡化的模式概要：

▌催眠引導前的階段

　　催眠引導前的階段通常包含四個依序進行的作法 ：（一）建立關係；（二）問題診斷；（三）破除催眠迷思以及（四）診斷被催眠能力。

建立關係

　　無論是否運用催眠方式進行治療，治療師在治療開始時都會

與個案量身建立專屬的關係。這個部分對於催眠治療的成功是尤其重要的關鍵，因為個案經常帶著許多對催眠的誤解和懷疑來找治療師。更多時候，初次體驗催眠的個案很容易感到焦慮，與此同時，這卻也是件令人印象深刻的事——個案會記得自己曾經接受催眠治療。

催眠關係是一種強大又親密的關係，穩固的治療關係會幫助個案更好地進入催眠狀態裡。治療師應該致力於建立良好關係，展現真誠的同理心，對個案正向關懷，讓個案確信治療師對他們之間的關係、感受、想法和行為均願意關注。

診斷問題

在建立關係後，治療師可以開始進行診斷。傳統催眠的問題診斷可能跟非催眠的心理治療沒什麼差別，特別是如果催眠師使用了內在心靈參照框架。傳統做法上，治療師會透過詢問個案，來判斷個案問題的特性和成因。一般來說，尋求催眠療法的個案會想要治療壞習慣，例如吸菸或減肥。傳統催眠師會試著判斷問題的心理因素所造成的影響，然後透過直接建議，或是運用一些催眠方法，例如舒緩情緒，來達成治療目標。治療裡的洞見可能有些療效，催眠的運用有助於發現內心的阻力和動力。實際上，診斷的過程可能簡短帶過，傳統催眠師會運用催眠腳本來產生療效。傳統催眠師很少會量身訂做個案的治療方法。（比如可參考：史皮格爾和史皮格爾（Spiegel & Spiegel）在 1978 年合著的《催眠與治療：催眠的臨床運用》〔*Trance and Treatment: Clinical Uses of Hypnosis*〕一書。作者所採取的催眠治療就是很少量的診斷標準。）

破除迷思

在瞭解個案求助的問題後，傳統催眠師會試圖破除對治療有影響的迷思。首先，傳統催眠師會詢問一些一般性的問題，以瞭解個案的偏見有哪些，譬如，「你對催眠知道些什麼？」「你體驗過催眠嗎？如果有試過，那感覺像什麼？」「你有看過其他人被催眠嗎？如果有，看起來如何？」

透過認出這些迷思和提供正確訊息，傳統催眠師會建立比較切合實際的期望。但是，艾瑞克森學派的催眠師，有時會運用個案的迷思來達成治療目的。

在史皮格爾（1978）的書中，就列出十種常見的催眠迷思：（一）催眠就是睡覺；（二）催眠是由催眠師施加在個案身上；（三）只有軟弱或是生病的人才能被催眠；（四）催眠只有在醫生決定使用時才會發生；（五）症狀移除代表一個新的症狀產生；（六）催眠是危險的；（七）催眠就是治療；（八）催眠師必須是有魅力的、獨特的、奇特的；（九）女性比男性更容易被催眠；（十）催眠僅是一種膚淺的心理現象。

從史皮格爾（1978）的整理來看，加上克洛格（1977）和雅普克（Yapko, 1984）的觀察，我列出十六項個案對於催眠的迷思。這些迷思包括了對於自我控制不切實際的強化功能，或是失去自我控制。從傳統催眠角度來看，去除催眠迷思意思是清楚告訴個案，催眠是自我控制的增強（通常意思是增強對無意識〔unconscious〕的控制，例如運用催眠來改變皮膚表層的血液流動）。然而，儘管催眠師去除對於不切實際的自我控制迷思，在傳統催眠裡，想辦法解

除個案意識控制仍是一個重要原則。

　　以下是治療師常遇到的催眠迷思。

（一）催眠師可以強迫個案去做個案不願意做的事

　　多數專家都認為我們無法強迫個案去做違背個案意願的事情，我們無法強迫個案違背社會道德規範（Conn, 1982）。催眠師無法主宰個案或強加催眠師個人想要的種種在個案身上。個案的理性批判能力與社交判斷能力，並不會受到催眠的影響。

　　個案通常會擔心他們會在催眠裡被放置在一個丟臉或尷尬的處境。很不幸地，正是在舞台催眠秀裡，催眠師都會叫人做一些奇怪或詭異的行為。舞台催眠的效果通常是透過情境所誘發的行為，而不是直接的催眠結果。

　　研究服從行為的社會心理學家，米爾格倫（Milgram, 1936）所做的心理研究發現，人們會在權威下被引發出反社會行為。不正常行為和反社會行為甚至不需要催眠就會自然被誘發。艾瑞克森醫師在 1939/2010 年的研究持反對意見，他認為催眠其實是反社會行為的阻礙。

（二）個案可能會在催眠中迷失，而且無法清醒過來。

　　不瞭解催眠的個案，可能會相信他們無法從催眠中甦醒過來。如果個案有這樣的迷思，催眠師在催眠之前可以先討論並處理這議題。

　　會覺得自己無法從催眠中清醒過來的想法，其實是一種社會心理學現象。在 1960 到 1970 年之間，報章雜誌出現一系列關於被催

眠的人無法從催眠中甦醒的報導。為了破解這個迷思，專業催眠學會在 1970 年代舉辦研討會議，研究「緊急應變技巧」，幫助人們從催眠中清醒（參見 Kleinhauz, 1982）。儘管，現在我們幾乎不會看到無法從催眠中清醒的例子，只要有一個無法清醒的案例出現在媒體上，就會產生連鎖反應，造成更多無法從催眠清醒的案例，這樣專業催眠學會又要召開緊急會議，研討新的「緊急應變技巧」。

拒絕從催眠狀態中清醒過來的情況，通常是催眠師無法提供個案所需要的催眠所造成的。拒絕清醒可以說是一種消極阻抗。譬如，這可能是因為一個強勢主導的催眠師忽視個案的需求，或是不看重個案自身無意識力量，而造成這種阻抗。也可能是，催眠師在不適當的時機喚醒個案而造成阻抗，因此個案透過繼續待在催眠狀態裡來表達對催眠師的不滿和抗議。我們要記得，是個案自己創造催眠狀態，以及個案自己選擇結束催眠，而不是催眠師的所做所為。催眠師僅僅是提供暗示。

（三）人們在催眠過程中會睡著／進入無意識

許多人相信除非她們全然進入無意識或是在催眠中全然失憶，不然他們就沒有被催眠。例如個案可能會突然醒來並且說：「你說的每句話我都有聽到，所以我沒有被催眠。」

實際上，全然知道自己失憶的情況很少見。對個案來說，記得催眠體驗比忘記這個體驗更重要。大多數情況，催眠師會運用技巧讓催眠暗示更容易被記住。史皮格爾（Spiegel & Spiegel, 1978）指出催眠更多是強化聚、焦覺察，而不是失去覺察。

（四）催眠是一種「萬靈丹」

接續上一個迷思，有時個案想做催眠，是因為他們需要用「催眠萬靈丹」來解決問題。他們把催眠用來解決所有問題，就像是隨時吃一顆阿斯匹林用來減緩頭痛一般。當催眠發揮到極致時，可以讓個案活化能量、啟動資源，一起參與在治療過程中。此時，個案並不是在催眠過程裡被動接受指令。然而，有些人會希想要被動地「失控」，希望催眠就像是動手術，被麻醉，然後不知不覺中手術（催眠）就完成了。帶著這種想法的個案，往往不想自己做任何努力，改變就有限。此時，催眠變成僅僅是一種休息，因為個案拒絕參與在這個手術（催眠）的過程裡。

（五）在催眠裡你無法說謊

人們通常相信催眠可以作為吐真藥或是像測謊機一樣。艾瑞克森醫師在文獻裡（1939/2010）提到人們可以在催眠狀態裡說謊，就像在清醒狀態一樣。事實上，艾瑞克森醫師還發現，被催眠的人可以更有效率地說謊，因為肌肉的放鬆，減緩活動，會使謊言偵測更加困難。

有時這些迷思反而對催眠師有幫助。有一次有個非常沮喪的個案把她的丈夫拽進我辦公室，生氣地大喊：「他有外遇。我帶他去做測謊測試，但是結果很模糊，因為他有吃藥。我要你催眠他，讓他說實話。」

我把這對夫妻分開，讓太太在等候區待著，把先生帶進我辦公室。先生馬上就說實話——他確實有外遇。我不需要做催眠，他就告訴我實話，因為他相信催眠會讓他說實話。

（六）只有那些容易被暗示或是容易被騙的人才會被催眠

最早期的學者把催眠狀態描述成一種強化暗示的狀態（Bernheim, 1889）。艾瑞克森醫師則認為，進入催眠狀態不代表個案會全然接受指令（Erickson, Rossi & Rossi, 1976, p.312）。容易被騙這件事跟催眠沒有關係，在催眠狀態裡，人們還是會有他們的理智判斷能力——他們不會變成自動化機器人。

再次強調，服從權威是一種人類常見行為。然而，服從是一種社會心理現象，不見得是催眠的一部分。人們更常出現的是心理上的靜止而不是屈服。催眠師所面臨的問題是，如何產生足夠的力道來影響與改變個案。儘管催眠師給出正向暗示，但是個案的舊習慣模式仍然可能抵銷了權威的影響和暗示。

（七）催眠會讓心靈變軟弱

有些個案擔心如果他們被催眠了，他們的心智就會變得軟弱，並且更容易受到別人影響。相反地，催眠不但不會減弱心智，催眠可以強化個人特質，發展靈活彈性以及更多想像力。（參見 Gilligan, 1987）

（八）精神病患不應該也無法被催眠

催眠可以有效地應用在美國精神醫學會所出版的《精神異常診斷及統計手冊》中的任何一個診斷群組中。催眠治療應用也沒有對於任何特定診斷的病人有所限制（例如：異常人格、習慣問題、適應障礙或憂鬱）。

標準催眠評量的研究結果顯示，急性思覺失調病患和正常人的

可被催眠性幾乎沒有差異（Pettinati, 1982）。慢性思覺失調病患在標準催眠評量的表現就沒有一般人好。然而，慢性思覺失調病患通常與人疏遠，不容易受到人際互動關係的影響。有些心理衛生專家相信催眠會使思覺失調患者或是邊緣性人格患者加重病情，這都不是事實。催眠，以及催眠所衍生的技巧，都曾經成功地應用在精神病患身上（Zeig, 1974 ; Dolan, 1985; Scagnelli, 1977, 1980; Young Don Pyun, 2013）。

　　我遇過一些案例，嚴重的精神疾病患者把不當使用的催眠加入到他們的幻想系統裡。例如一個個案宣稱以前的醫師催眠她，並且把「壞的想法」放進她腦子裡。後來，這變成一個去不掉的想法，個案要求一個「反向催眠」來反轉這個問題。我們可以假設這可能是個案對於之前的治療師有負面的感受，她一直掛念在心頭，而用一種間接的方式來表達她的感受。如果遇到這種類似情況，就提醒了治療師，在面對嚴重精神疾病患者時，使用各種技巧都應該更加謹慎小心。

（九）催眠可能挖出一些個案無法接受的祕密

　　有時候，個案會相信如果他們進入催眠裡，一個深沉黑暗的祕密會浮現，並且產生有害效果。在非常少見的情況中，催眠可能會喚起被壓抑的記憶，甚至帶出多重人格（Erickson & Erickson, 1980; Greenleaf & McCartney, 2000）。縱使有些超出預期的事物浮現，只要治療師有足夠能力處理，就不會造成傷害。除了催眠之外，還有其他一些治療方法也會帶出壓抑回憶。完形技巧，甚至躺在精神分析師的治療躺椅上，都會產生類似效果。

（十）只有一些人可以被催眠；「我無法被催眠」

這個迷思是因為標準化催眠量表研究所造成的，當中最廣泛使用的催眠量表是《史丹佛可被催眠量表》（*Stanford Scale of Hypnotic Susceptibility*, Weitzenhoffer & Hilgard, 1962）。量表包含了一個催眠引導腳本，一連串的催眠測試，用來測試個案是否能夠被催眠，體驗催眠現象。譬如，其中一個項目測試你的手臂不能動。假如「被催眠」的個案移動他的手臂少於一個特定距離，他就算通過這項任務，證明自己被催眠了。

負向幻覺（negative hallucination）是另一個測試項目。個案眼前放著三個不同顏色的小盒子，施測者會暗示個案只有兩個小盒子，個案會被要求說出「兩個」盒子的顏色。

被催眠能力在等級量尺上被定義為一種穩定特質。通過十二項測試裡至少十項的人，是很容易被催眠的人；通過四項或是低於四項測試的人則是不容易被催眠的人；通過五到九項測試的人則為中度可被催眠的人；一項都未完成，或是通過很少項目，則是無法被催眠的人。事實上，很難找到一個人是完全無法通過任何測試或是得分為零，多數人在標準化量表中還是會有所反應。

然而，這些量表透過有限制的濾鏡來定義催眠：「催眠」被看成是一種遵循預先設定的催眠引導腳本，進行標準化催眠測試的反應。透過標準化測試，創造出了一群很容易被催眠的人、一群普通容易被催眠的人和一群不容易被催眠的人。

當我們運用標準化測試在一群受測的人群身上，結果就會呈現常態分布曲線。大多數人會出現在常態分布曲線的中間部分。

這就好比在理論上，我們也可以創造出一個「愛的能力」量

表，其中包含一系列預設跟愛有關的「催眠引導」，還有一連串跟愛有關的標準化測試。那些通過所有測試項目的人就被視為是「好的愛人」。那些分數很差的人則被視為「壞的愛人」。儘管，愛是一種全人類通用的普遍現象，但是在不同時空背景下，每個人的體驗都不一樣。催眠也是這樣，這也是為何標準化催眠能力量表在臨床上使用上效用不大。

艾瑞克森醫師認為，「任何能夠跟別人社交溝通的人就可以被催眠」（Yapko, 1985）。從艾瑞克森學派的觀點來看，催眠是一種聚焦覺察的狀態，在催眠裡，人們可以獲取之前未曾發現的心理／生理的資源／潛力。這並不是一成不變的，而是會隨時間而改變。艾瑞克森醫師認為，每個人都可以體驗這種特殊的覺察狀態，就像體驗到不同情緒如愛、恐懼、生氣或是疼痛。催眠和情緒體驗類似，每個人都有不同方式體驗和作出反應，不論是外在人際關係，或是自己內心狀態。這些感覺都由所處情境決定，情境不同，感受也不同。

我舉出這些原因並不代表這些測試就是假的。在心理學研究上，標準化可操作的催眠測試可以幫助量化數據，以及描述催眠現象。有許多科學研究探討可被催眠能力和心理層面、生理現象之間的交互關係。這些量表是用來測量一部分的催眠現象，不適合用在定義個人是否在催眠狀態裡（參見 Gilligan, 1987；和 Thompson, 1988 針對權威性催眠、標準化催眠和艾瑞克森催眠的差異比）。

（十一）聰明的人無法被催眠

智力和可被催眠能力兩者間並沒有明顯相關。事實上，聰明的

人更容易被催眠（Hillgard, 1968）。希爾加德（Hilgard）有論文紀錄，被催眠能力和不同人格特質有關。

（十二）催眠可以增強或幫助獲得心靈力量

催眠不是超自然現象；它運用著我們常見的心理學原則。假如超強感應力存在，這跟催眠狀態也沒有關係。某些文化中出現的催眠相關迷思是，人們認為在催眠狀態裡很容易被善靈或惡靈附身。

近幾年，越來越多人相信催眠是通往前世的大門，在催眠中，人們可能挖掘自己的前世。在我超過四十年的催眠實務工作裡，從來沒有遇見個案出現「前世」或是自發性地回溯到前世。前世這個概念是治療師和個案彼此信念系統下的產物，這些都和催眠無關。

（十三）催眠可以喚起失去的回憶

有些人相信催眠可以找回被壓抑或已經遺忘的回憶。關於這個主題的文獻多如牛毛，且超出了這本書的範圍。想進一步探索這個主題，並瞭解虛假回憶症候群（False Memory Syndrome），可以參考雅普克的研究（Yapko, 1994）。

（十四）催眠可以用來增加心智功能

人們有時需要藉助催眠來獲得一個有畫面的回憶，來回想起他們看過或是讀過的東西。催眠能幫助移除限制個人表現的心智阻礙，但是無法用催眠來增加個人天生的聰明度。然而我們知道，個人的潛力和實際表現出來的能力還是有一大段差距，儘管這差距可能永遠不會消失，但催眠可以明顯地縮短這個差距，畢竟，阻礙我

們發揮潛力的限制和障礙，都是來自於我們自己的信念、價值觀。比如，多數人不知道我們有能力可以用心智能力來改變生理功能，像是血壓、血流量和痛覺。但透過催眠，我們自我設限的信念是可以被移除的。

（十五）催眠師需要特定工具或裝置

催眠師搖盪著擺錘、旋轉催眠盤或是叫人凝視水晶球來引導進入催眠狀態，這樣的景象已經深植人心。因為這個刻板印象如此普遍，當個案實際進到治療師辦公室卻發現沒有這些工具時，可能會感到失望。這些工具是多餘而不必要的。大多數個案只要集中注意力想像某件事物，就可以輕易進入催眠，不需要外來的工具，也不需要特定的催眠椅子。艾瑞克森醫師辦公室裡的個案椅子是張直背椅，而且沒有傾斜。催眠是由個案自己創造舒適，而不是椅子。

（十六）催眠暗示只能持續一段特定時間

有時人們相信一旦催眠效果「逐漸失效」時，就需要注射「加強劑」。糟糕的催眠師利用這種說法，讓個案經常回診做加強劑，助長了這個迷思。正確地使用催眠，催眠反應其實和學習一種新的動作技能相似。當人們學會騎自行車，這樣的知識就會持續一輩子。就算是疼痛控制這種問題，都可以在幾次的療程中得到永久、重大的改善。當個案能夠運用催眠產生的參考體驗達到預期目標時，就不需要重複治療了。

我所列出的迷思並不僅僅存在一般大眾心裡。心理治療專業人

員通常也會助長這些迷思。有些同行轉介來的個案，依舊帶有其他治療師所灌輸的迷思和錯誤觀念，我們需要先破除迷思。

在傳統催眠裡，治療師會在個案清醒狀態下討論處理迷思。相反地，艾瑞克森醫師常常間接地修正這些迷思。譬如，艾瑞克森醫師會用一個策略，讓個案看到他們自己在催眠狀態裡依舊可以保有清醒的批判推理能力。

所有迷思都在說明一個根本的擔心，擔心被控制，擔心太多控制或是太少控制。人們可能相信透過催眠，他們可以被動改變，不需要個人努力去改變。許多個案相信催眠就是一種外來力量，可以提供他們所想要的力量和動機。比如，一個不想靠自己努力去減肥的人，可能會找一個催眠師來提供一些有效暗示——這些暗示往往只是提供一些假象，並沒有真實效果。

從不同觀點來看，人際溝通分析（Transactional Analysis, TA）假設每個人格的自我狀態都包含父母、成人和小孩三部分。內在父母提供建議，可能有批判性或是教養性；內在成人處理訊息；內在小孩對於內在父母的訊息會適應、叛逆或是有自發性和熱情的回應。用 TA 的說法，內在父母會告訴個案自己（內在父母對內在小孩）什麼是個人「應該」做的：減肥、戒菸等等。如果內在小孩不遵從，內在父母可能找一個催眠師來做為外在強化力量，跟內在父母一起逼迫內在小孩順從。傳統催眠有時這樣做而且有效。然而艾瑞克森學派的做法是，透過間接暗示去誘發個案內在體驗和反應，然後內在小孩就可以自動自發且帶著熱情去完成想做的事。

診斷可被催眠能力

在破除迷思後，催眠師會評估個案是否容易被催眠。在傳統催眠裡，催眠師會用兩種暗示測試來做診斷：標準化測試和非正式暗示測試。不見得所有傳統催眠師都會用這些方法，我提出來這兩點只是幫助讀者更好瞭解傳統催眠。

非正式暗示能力測試和標準化測試目的不同。標準化測試試圖建立可靠和有效的研究實驗資料。非正式暗示能力測試是提供暗示的工具。個案對於非正式暗示能力測試的反應並不是項目計分，不是用來評量可被催眠的能力。其實，非正式暗示測試的目的在讓個案瞭解她是一位好的、有反應的個案，以便後續催眠過程順利進行。

標準化測試

標準化測試指的是催眠研究量表，像是先前提過的《史丹佛量表》。臨床上其實並不常使用標準化測試，反而以非正式測試居多。然而，有些治療師會使用從研究量表修改而來的標準化臨床量表。由史皮格爾（Spiegel & Spiegel, 1978）所發展出來的催眠引導評估是治療師可以使用的標準化量表。

非正式暗示測試

這些測試是一系列沒有催眠引導的催眠任務。事實上，儘管沒有正式的催眠引導，個案仍被要求展現催眠現象。這些測試的目的在於誘發個案的正面反應和動機。催眠師希望個案體發現他可以、

也會對催眠有反應。非正式暗示測試比標準化測試會效果更好，因為催眠師會努力催眠，用來產生最大催眠效果。兩相比較，在標準化程序中，測試者保持中立；測試者不能隨意更改程序來加強催眠效果。

傳統催眠師常使用四種非正式的暗示測試：（一）水桶與氣球，（二）身體站立搖擺，（三）雙手緊握，以及（四）康斯達姆現象（Kohnstamm's Phenomena）。

（一）水桶與氣球

在這個測試中，要求個案閉上眼睛並且兩手向前平伸，與肩同高。催眠師暗示有個裝滿沉重砂子的水桶吊在一個手腕上，另外一個手腕則是綁了氫氣球。催眠師經常用動作假裝在個案手上加上水桶和氣球。催眠師可能細微地暗示個案最終的催眠結果和理想反應，或是輕微地在個案手上施加一點壓力，像是想像吊著水桶的手腕上輕微地向下施壓，和在想像綁著氣球的手上輕微向上抬升。之後，催眠師告訴個案，運用他的想像力來感受沉重水桶的重量，讓手臂變沉重，同時感受氣球的輕盈把另一隻手臂向上抬升。一段時間後，要求個案張開眼睛並且注意到手臂向下沉以及向上抬升的幅度。

讓我們分析一下這個技巧：首先，催眠師的誘導目的在於增進個案的正向反應。其次，催眠師鼓勵個案運用想像力，人們都想要發揮自己的創造力想像力。稍微把手向上抬或是向下壓的細微、非語言暗示很重要，這個一開始的動作就會刺激個案持續後續的手部移動。當個案對這個催眠有反應，他們就知道自己是很好的被催眠

對象。

（二）身體站立搖擺

第二種催眠暗示測試需要個案兩腳腳跟靠攏站立，眼睛看著天花板的某個點。個案想像有一陣強烈的風吹來，讓他身體開始搖擺。催眠師增強暗示，並站在個案後方，雙手隨時準備接著個案，確保個案不會因為搖擺太大力而跌倒。

再次，催眠師的暗示是鼓勵個案產生理想的催眠效果。個案站立雙腳併攏，頭向上看，其實是一種不平衡姿勢，這個姿勢本身很可能就會讓個案身體搖擺了。催眠師的語言和非語言行為同時也鼓勵個案去搖擺。站在個案身後，等待「拯救」個案，這是非常有效的非語言說服。催眠師的目的在讓個案理解隱含意義：「我正在用一種以前沒體驗過的方式回應這個催眠，催眠是適合我的。」

（三）雙手緊握

針對這個測試，個案被告知雙手緊握，十指交扣，接著暗示個案無法分開他的雙手。催眠師暗示雙手彷彿被膠水黏住，可以利用手勢來呈現雙手被膠水黏住的樣子。

這個測試中催眠師可以運用生理狀態改變來增強個案反應。例如帶著汗水的手掌可以增強黏住的感覺，指關節互扣會讓人們不易分開雙手。因為手指緊扣，可能手指會腫大，這也增加了手指分開的難度。

（四）康斯達姆現象

康斯達姆現象也是運用生理狀態的改變來創造一種對催眠有反應的氛圍。個案被引導，要和催眠者兩人成九十度角站立，個案兩手自然下垂。催眠師用力壓著個案的手，不讓那隻手抬起，而個案出力對抗那個向下壓的力量。一段時間後，催眠師放開個案的手，退後一步，並告知個案放鬆手臂，觀察會發生什麼事。這時候，催眠師可以觀察個案的反應，可能會出現一個解離現象，手臂自然向上移動。一旦這現象出現，催眠師就可以暗示個案，這就是一個正向的催眠反應。

康斯達姆現象特別適合拿來當催眠測試，因為這讓個案看到解離現象，而解離現象是催眠裡很重要的元素。在治療初期，讓個案體驗到解離現象，其實也是生活裡經常見到的自動化行為。這樣，催眠師就種下一個種子，在接下來的催眠引導中可能運用解離現象。

康斯達姆現象在催眠裡是一種常見的正向生理反應。一種類似的練習是，讓個案的手向前伸直，手指合併，把這隻手盡可能向後扳。一段時間後，手指會自動張開。與康斯達姆現象類似，這種方法也可以用來說服個案「我可以被催眠」。

在傳統催眠裡，催眠能力測試仍然被廣泛使用。舞台催眠秀中經常用來篩選好的個案。然而，在現代臨床治療裡，我們不認同使用這種方式，因為太過戲劇化。（關於催眠暗示測試的更多資訊請參見 Kroger, 1977）

在本質上，透過標準化和非正式催眠暗示測試所收集來的診斷

資訊是有限的，不是是把個案區分為「好的」或是「可以」被催眠的個案，就是認為個案是無法被催眠的。然而，在這些方法裡，關於個案個性，和對不同催眠方法的差異反應都被忽略了。之後的催眠引導和催眠治療都是機械式反應，照本宣科，催眠師也不需要瞭解個案的個別差異。在艾瑞克森學派，個案的個別差異非常重要，因為我們要為個案量身訂做催眠治療方案。

催眠引導

在傳統催眠裡，正式催眠引導之前還有一個預備引導階段，基本上傳統催眠就是按腳本給出建議，讓個案集中注意力和放鬆。為了讓個案集中注意力，催眠師會要求個案聚焦在某個事或物上，像是旋轉盤、時鐘鐘擺、牆上一個點或是特定身體感受。催眠師會使用直接暗示來逐漸放鬆：「放鬆你的腳；放鬆你的腳踝；放鬆你的小腿；放鬆你的大腿；放鬆你的腿……」這個策略讓個案聚焦在放鬆的細節上。催眠師通常有自己習慣、記得滾瓜爛熟，且經常使用的催眠引導腳本。催眠師看起來就像是一個有熱情的厲害演員，把催眠變得像是一齣戲劇獨白。催眠引導會持續一段固定時間，預先設定好時間長短。通常這個催眠腳本要花大概十到二十分鐘左右。

催眠深入

催眠深入可以用很多方式達成，不論是單獨或是幾個方式混合使用：直接暗示、運用量表、數字倒數、引導想像、非語言技巧或是暗示測試。

直接暗示

為了加強催眠效果，傳統催眠師有時會說：「進入更深、更深的催眠⋯⋯」或「放鬆，更深入，更深沉的平靜⋯⋯」如果這個直接暗示是像男低音（basso profundo）一樣深沉，會更有效。

運用量尺

催眠師可以用一個想像量尺來加強催眠深度（關於引導深度的催眠量尺運用，參考塔特的研究〔Tart, 1972〕）。催眠師可能這樣說：「一會兒，我會問你的無意識回報催眠的深度。我想想要你用一個二十分的量尺，0 代表清醒，10 代表中度，20 分代表深度催眠。我會用我的鉛筆發出敲擊聲，當你聽到這個聲音，你會發現自己的內心看見一個數字，代表了你催眠的深度。」

催眠師準備好正向回應。比如，假如個案回應：「10 分。」催眠師可以回應：「10 分很好。我想想要你做五個深呼吸，然後進入到 15 分。當你到達 15 分時，點點你的頭。」

數字倒數

量尺技巧的其中一種變化是數字倒數法：「當我從 20 倒數到 1，你會進入二十分之一的催眠深度，每個數字倒數，都會更深入一些。」當催眠師倒數時，可以把直接暗示加入在其中：「20，緩慢地，輕鬆地，19，緩慢地且逐漸地，18，進入更深，更深⋯⋯」

數字倒數並不僅偏限於傳統催眠師使用。在艾瑞克森醫師治療事業中期，他運用數字倒數做為一種催眠引導技巧（Erickson,

Haley & Weakland, 1959）。令人好奇的是，艾瑞克森習慣把數字往上數。我們猜想，他可能認為催眠是一個「更高」的境界狀態。

引導想像

引導想像通常用來增進催眠深度。比如，催眠師要求個案想像一個海灘景象，並且引導個案有更多身體上的感覺。「感覺沙灘的溫暖和微風的清新。聽著海浪的聲音。看著海浪上的白色浪花……」增加身體感官的感受會增加催眠的深度。

另一種常見增加催眠深度的引導想像：向下走樓梯，這方法經常與數字倒數以及直接暗示結合使用。「想像你走在一個二十級階梯上，每往下走一階就更深入進入二十分之一的催眠裡。20，更放鬆，19，這麼舒服，18，讓你自己放鬆……」

非語言技巧

碰觸也可以深化催眠狀態，但是這種做法應該要謹慎使用，並且要遵守臨床治療規範。傳統催眠師會在個案吐氣時，在個案肩膀上輕輕向下按壓，同時提供暗示和加深催眠體驗感受。將個案肩膀往上抬，可以暗示個案要清醒過來。藉由策略性地在個案肩膀上輕壓或往上抬，都可以加強催眠深度。其他非語言的深化技巧包括了，輕微地捏個案的手，讓個案退縮到內心裡，或是輕柔地讓個案的頭向前或向後。

此外，數字倒數可以結合非語言技巧，像是調整催眠師自身的呼吸速度和倒數速度，和個案呼吸同步，特別是吐氣時。這種過程可以加強催眠深度。與個案生理節奏同步，會強化彼此間關係連

結，並鼓勵深入催眠狀態。艾瑞克森醫師通常會掌握講話節奏，在個案吐氣時說話。

測試暗示

測試催眠現象的出現，通常用在深入階段的結束時。基本上，這是用來「證明」個案在催眠狀態裡。測試暗示也可以是一種深入技巧，因為當個案遵循暗示並體驗到催眠現象時，他會感覺自己更深入在催眠裡。艾瑞克森醫師是最早提倡創造催眠現象來加深個案的催眠體驗的人（Erickson & Erickson, 2008）

催眠現象

既然體驗催眠現象會加深個案的催眠狀態，對傳統催眠師和艾瑞克森學派治療師而言，瞭解傳統催眠現象很有幫助。然而，這兩種不同學派的催眠師在運用催眠現象上是完全不同做法。

催眠現象可以透過直接或間接方式引導產生。它們也可以自發性產生。在傳統催眠裡，催眠師更多運用直接暗示，較少使用間接暗示。

以下是催眠現象的清單，讀者不難預期，任何一個鮮明的催眠現象體驗，都會改變個案的感受。

（一）幻覺

幻覺，不論正向幻覺還是負向幻覺，包含了想像的視覺感受。正向幻覺的暗示就是告訴個案看見某些事實上不存在的東西（地板上長出一朵玫瑰），想像上聽見不存在的聲音（學校鐘聲響起），

或是觸覺上感覺到不存在的感覺（產生溫暖的感覺），也包括了正向嗅覺幻覺和正向味覺幻覺，像是聞到香水或是嚐到甜味。

負向幻覺則是讓個案無法體驗到真實存在的物件。例如要求個案看不見房間裡真實存在的一張椅子，或讓個案聞不到放在鼻子下的氨水味道。

身體感受幻覺也同樣可能發生。例如個案可以感覺他頭和腳的距離比實際要遙遠。

（二）麻醉和止痛

麻醉和止痛是一種特殊的身體感受幻覺。麻醉意味感受不到身體知覺，例如暗示個案的手沒有感覺。止痛意味著減少知覺，這比麻醉更容易做到。例如個案可以產生麻木感覺，就像是在手上戴上手套，藉此減少其他感受。催眠師通常會捏個案的手來測試麻醉或是止痛。醫師／催眠師也可以用消毒過的針頭來刺個案手背上的皮膚。

（三）失憶

失憶在傳統催眠上的定義是，給一個線索來引導個案忘記某個東西。例如，暗示個案：「你將會遺忘『4』這個數字。想像在你內心有個黑板，上面寫著 1 到 10 的數字。現在，擦掉 4 這個數字。當我彈指發出聲音時，你會清醒恢復正常。」接著要求個案開始從 1 數到 10，在過程中，當 4 這個數字被漏掉，個案就展現失憶的催眠現象。

我們可以把失憶看為對於反應沒有覺察，或是對給暗示的人沒

有覺察。（關於傳統催眠和艾瑞克森學派對於失憶的更多觀點，請參見 Zeig, 1985b）

（四）記憶增強

記憶增強是回想起過去發生的真實事情，像是個案先前無法回想起的事情；或是想起遺忘已久的過去事情細節；或是想起長久以來無法想起的事情。一個例子就是回想起來小學一年級時的座位在哪裡。

（五）年齡回溯

在催眠裡，個案有可能同時在當下，同時又回想起過去歷歷在目的回憶，這就是年齡回溯。例如在催眠師的暗示下，個案重新體驗自己坐在小學一年級的教室裡。

（六）時間扭曲

在催眠裡，個案可以體驗到跟平常不一樣的時間感受，可能比實際時間更長或更短。「當我請你張開眼睛和我說話，就好像催眠已經過了兩個小時。」

艾瑞克森醫師是最早研究催眠裡時間扭曲現象的人，這也是最晚被發現的催眠現象（更多資訊，請參閱 Cooper and Erickson, 1959）。

（七）解離

解離是一種心智或生理的自動或半自動功能。這是一種自發的

（avolitional）體驗。有些事「自然發生」。例如催眠師運用引導想像，導引個案想像海邊景象時，催眠師可以暗示個案看著海灘，突然發現一個熟人沒預警地朝他走來。

除了心智解離之外，生理解離，就像是僵直（catalepsy，身體的某部位僵固），和無意識手臂漂浮都可以透過暗示出現。結果是，個案體驗到某部分肢體跟軀幹分離，不再是身體的一部分。任何程度的解離都可以看為是催眠現象的一部分。

（八）自動化行為

自動書寫和自動繪畫這些都是高度催眠解離的卓越效果。經典的個案可以一邊進行對話，一邊用手書寫或繪畫，而且書寫繪畫內容和對話無關。有一次，我要求一位「超級個案」用她的非慣用手以鏡像的方式寫下打油詩。在自我催眠裡，她完成這項任務。當她清醒過來並且閱讀她的詩，她臉紅害羞了。這首詩讓她很尷尬。她是如此解離，她甚至不瞭解在那個當下所寫的內容。

（九）意動行為

意動動作（ideomotor）和意動知覺行為（ideosensory behavior）是一種對於想法或暗示產生的自動化行為。手指訊號就是意動行為的一個例子。催眠師暗示個案想著「是」這個字，並發現哪一根手指移動了。接著，個案可能發現右手食指「自動動了」。另一根手指可以代表「不」這個字。手指訊號可以用在治療上，用來發現內心真正想法。（參見 Cheek & LeCron, 1968，Rossi & Cheek, 1988，和 Cheek, 1962 中對於治療中運用意動訊號的案例。）

意動知覺體驗通常會伴隨一些味道或氣味的出現。例如引導個案想像檸檬，個案可能真的產生唾液分泌。在催眠裡，意動行為和意動知覺會隨過程強化。

（十）催眠後暗示

催眠後暗示是另一種解離行為，通常會有失憶伴隨產生。在催眠中，催眠師會暗示當催眠結束後，他會做一個像是彈指這樣的線索。當個案聽到這個線索，他就會自動和無預期地做出之前所暗示的動作，像是抓頭。艾瑞克森醫師提到，當個案作出催眠後暗示的行為，個案會進入另一種催眠狀態（Erickson & Erickson, 2008）。

關於催眠現象的觀察

個案在催眠狀態裡會呈現超乎尋常的人體功能反應。對觀察者而言，在催眠狀態裡得到的心理和行為狀態都是很驚人的，甚至出乎個案意料之外。催眠可以暗示生理狀態改變。譬如可以改變微血管血流、改變身體皮膚疾病、中斷偏頭痛等等。

催眠現象其實是一種正常行為，只是我們從未注意到。在催眠裡，催眠現象被強化，並被重整，用來達到特定目的。譬如，我們看一下時間扭曲這個催眠現象。我們在日常生活中都可看到這現象。當在風雨中等公車時，時間就像是龜速前進。相反地，當閱讀一本引人入勝的書時，就會覺得時間瞬間即逝。我們可以在催眠裡暗示這些自然發生的現象，用來創造時間扭曲。

另一個例子，自動化行為也經常發生。在每個新年剛開始時，我們多數人都會自動把日期寫成前一年的時間。類似地，當人們講

電話時，常不自覺地隨手塗鴉，畫一些完全不相關的圖案，這跟自動繪畫很類似。

即使像年齡回溯這樣不容易發生的催眠現象，在日常生活中也可能出現。當在開車或洗澡時，人們可能回想起過去發生的事情，並深入沉浸在其中。

運用催眠現象

學術研究者、傳統催眠師和艾瑞克森學派治療師都有不同運用催眠現象的方式。對學術研究者，在標準化實驗室裡引發催眠現象的目的是為了量化研究結果，瞭解人們被催眠的能力。另一方面，傳統催眠師運用催眠現象來決定個案是否能被催眠，以及是否可以深化催眠（比如催眠暗示能力測試）。艾瑞克森學派治療師則是致力於誘發催眠現象，作為強有力的治療資源（Edgette & Edgette, 1995）。

傳統催眠師把催眠現象當做催眠引導以及深化技巧，或是作為「說服個案」之用。在催眠引導之前，有一個用途；在催眠引導過程中，有另一個用途，在深化階段，催眠現象被拿來說服個案他們真的在催眠裡。

在催眠引導之前，催眠現象是當作非正式暗示測試，傳統催眠師不會跟個案說明清楚，譬如身體站立擺盪或是水桶和氣球暗示，是不會多做說明的。「幻想」一陣強風，或是手變輕和變重，這會幫助個案相信催眠的力量。在做這些暗示測試時，不會有正式的催眠引導。

之前提到，傳統眠引導很依賴注意力和放鬆來產生催眠。以下

的催眠暗示是運用視覺幻覺現象來作為催眠引導：「看著那面牆。想像有個時鐘上面有根紅色的大秒針（secondhand）。想像它真實存在。看著外框……秒針（hand，另一意義是手）的顏色……數字排列的方式。秒針（the second hand）接著走到數字 12 時，做個深呼吸，閉上你的眼睛，深深地進入催眠裡。」手臂漂浮（Sacerdote, 1970）也可以用來作為一種催眠引導。

在傳統催眠中的深化階段，催眠現象是用來說服個案他在深度催眠裡，也是傳統催眠暗示治療的指標。當個案體驗到催眠現象時，自動化感知的改變會改變意識，也會讓個案參與在更深的催眠裡。從催眠暗示測試開始，接著催眠引導階段、深化階段、治療階段，催眠師都在強化個案自我控制能力的轉換。這「證明」了一件事，個案的意識不再掌控個案的體驗和行為。是催眠師，或者更好的情況是個案自己的無意識在掌控一切。在某個程度上，催眠師在做催眠引導之前階段相反的事情。在治療階段，改變意識的控制是很重要的。

▎治療

在傳統催眠裡，催眠師會給出正向或負向的催眠暗示。譬如催眠師告訴一個恐慌症的個案：「當你處在你之前感到恐懼的地方，你會感覺舒服。」催眠師會給老菸槍一個負向暗示：「香菸嚐起來味道很糟糕，聞起來味道不好。」

然而，如果不做催眠，只是提供同樣的暗示，這就無效。相反地，如果給個案一個催眠引導，他隨之體驗到催眠現象，像是手臂漂浮，並且給予有療效的暗示，個案很有可能會配合治療，因為

整個催眠過程的體驗創造了有效的反應。在深化階段中誘發催眠現象，對催眠治療的良好反應會增加。因為個案已經體驗到在掌控一切的不是他的意識，所以也會更加配合直接暗示。在催眠引導和深化之後會呈現不同的控制狀態。個案可以在一種更解離、自動化行為的狀態下作出反應。因此，改變不是全然取決於意識（意志）活動。

在傳統催眠的早期，無意識控制的想法會被植入（seeded）。在催眠引導之前的暗示測試（沒有催眠引導的催眠現象）是奠基在自動化功能上。傳統催眠師有時不會發覺「種下種子」（seeding）的使用。在催眠引導之前的階段植入自發體驗（avolition）會增加治療階段的自發活化，這對於治療階段的最後暗示是很重要的（更多關於種種子的資訊，參見 Zeig, 1990）。

催眠的自發品質和病症的自發品質是類似的，可以用來增加療效（參見 Gilligan, 1988 和 Zeig, 1987）。定義上來說，催眠的發生和病症的發生某些程度上都是「超出意識控制之外」。催眠是否有效，可能取決於問題生成的經驗層面。因為個案是在意識控制之外體驗到問題，所以我們可以透過催眠在「無意識」層面裡處理問題。

▎催眠收尾

傳統催眠師在給完治療暗示後就會結束催眠。結束的步調和喚醒是由催眠師掌控。催眠師通常會暗示個案開始數數，比方，從 1 數到 5，個案會從催眠中清醒過來。比如：「1，越來越清醒。2，感覺清醒。3，張開眼睛。4，伸展四肢。5，全然清醒！醒來，全

然清醒過來，感覺非常清新暢快和充滿活力。」結束催眠的暗示設計讓個案的大腦意識再次掌控，回到正常意識的清醒狀態。從催眠引導階段開始的治療關係，從無意識轉回到個案的大腦意識。通常，會再加上增強幸福感的「自信心增強」暗示，像是：「當你從催眠裡清醒過來，你會感到有自信且愉悅。」

在催眠結束後，催眠師可能會和個案討論催眠體驗，並確認個案的正向回應。確認（Ratification）指的是，個案公開地或是隱含地討論在催眠裡不自主的自發性活動（avolitional activity）過程——一種有別於頭腦意識的掌控。治療師可能提問的問題包括：「催眠感覺經過多久時間？」（暗示時間扭曲）；「你之前有體驗過有像剛才的手臂漂浮嗎？」（暗示個案做到的催眠現象）；「你有體驗過這麼深刻的放鬆嗎？」「你曾經體驗過這麼鮮明的回憶嗎？」（暗示增強記憶）。當個案說出無意識的改變，就確認了催眠的發生，同時也暗示、確認、強化治療階段的催眠暗示效果。

注意：在催眠引導階段直到治療階段結束，「控制」是來自個案無意識或是來自催眠師。

傳統催眠的現代運用

傳統催眠技巧及其各種變化方式，在全球的心理治療中廣泛被運用。一般說來，這就像是在餐廳裡用餐：進入餐廳，並且就坐（催眠引導之前的階段），開胃菜（催眠引導），沙拉（深化），主菜（治療）和甜點（結束）。在菜單的每個階段都可以選擇不同項目。

不幸的是，在傳統催眠裡，菜單選擇是固定的，無法兼顧客人的特定營養需求。用傳統催眠模式做治療，催眠師可以簡單地找到一本參考書，並且學到針對特定問題的特定療法。譬如威廉‧克洛格（William Kroger, 1977），就寫了一本關於傳統催眠的書，裡面就有章節可以讓讀者選擇催眠引導前、催眠引導、深化、治療和結束的特定技巧。如果個案的需求是疼痛管理，催眠師可以參考並背下疼痛管理的腳本。你可以在書中找到大多數問題的治療暗示。例如克洛格書裡關於恐慌症的章節，包含特定詳細的治療暗示。肥胖催眠那一章就包含針對肥胖問題的催眠暗示。你可以背下從催眠引導之前到催眠結束的整個腳本。我懷疑，你甚至可以直接讀催眠稿給個案聽。

　　史皮格爾（Spiegel, 1970）對於催眠戒菸就是用這種「烹調書籍」的做法。它是一個四十五分鐘，嚴謹研究驗證的程序，自有它的優點。對每個個案都用同樣的方法，儘管史皮格爾也會針對不同人格類型的個案，提供催眠上的些微變化以因應。就像一個有天賦的演員演出哈姆雷特時，每次表演都可以看到一些新鮮與原創的些微改變。然而艾瑞克森認為，傳統催眠就像是婦產科醫師每次都用鉗子接生小嬰兒（Zeig, 1985）。當然，傳統催眠可以很有效，史皮格爾對於催眠戒菸的成功機率很高（Spiegel & Spiegel, 1978），對於整體催眠成功的機率也是相當高。對於一個簡單操作的固定催眠過程而言，這樣的報酬率算是不錯了。

　　下面是一個運用傳統催眠來治療肥胖的玩笑。

催眠師：

催眠引導之前：太胖是一個可怕問題。你一定很痛苦。你對催眠瞭解多少？不，你不會失控或是「昏睡」。催眠是一種強化的自我控制。讓我們先來做一個暗示測試，看看你的想像力如何影響你的行為。伸出你的雙手，閉上眼睛。想像一個氣球綁在你的手上，想像另一隻手掛著裝滿砂子的水桶。現在張開眼睛看看兩手的差異。你看！催眠很適合你！

催眠引導：專注看著我的手錶。當它移動到你的眼睛下方，就閉上雙眼讓你自己全然放鬆；頭，放鬆；脖子，放鬆；肩膀，放鬆；胸部，放鬆；雙手，放鬆；雙腳，放鬆。放鬆下來！

深化：深深地放鬆。想像你自己從樓梯上往下走二十階，當我從 20 倒數到 1，每個數字就往下走一步。20，19，18，17，16，15，14，13，12，11，10，9，8，7，6，5，4，3，2，1……深深地睡著了。現在你無法張開你的雙眼。你認真地試試看。很好。（個案面對測試／挑戰暗示產生正面回應。）

治療：這是你的催眠治療暗示。你現在開始一種從未流行過的薩德減肥法。其中有兩項原則：第一，你不會吃任何白色的東西，或是食物裡面有白色，像是糖、加工麵粉，或是過量的鹽。第二，如果你無法清洗它，你就不會去吃它。

結束：當我從 1 數到 5，你就會清醒過來。1，2，3，4，5。清醒過來，感覺非常好。這過程有多清晰？非常清晰？很好。請到櫃台繳費並且安排下週的看診。

（下週）

催眠師：太胖是一個可怕問題。你一定很痛苦……

在傳統催眠裡，不停強調是必要的，而且催眠師可能重複同樣的催眠稿。因為催眠暗示效果可能會「逐漸減弱」。

傳統催眠裡，個案的無意識塞滿了重複暗示。因此，老舊的、停滯的壞習慣一定會被移除。一旦個案無意識裡的負面模式被正確地重新裝填和重新程式化，治療就完成了。既然治療暗示有可能「漏水（不嚴謹）」，經常性的重複催眠是必要的。

傳統催眠與艾瑞克森學派

人際溝通分析對於三個自我狀態的瞭解，可以幫助我們看清傳統催眠的本質：父母角色提供提醒、批評和照顧；成人角色處理事實資訊；而兒童角色則是對於父母訊息的適應、反抗或反應，帶著自發性與熱情的態度。

有些尋求催眠的個案，他們想要用催眠來強化父母的角色，讓兒童角色乖乖聽話。個案內心裡，父母角色告誡兒童角色：「你應該要戒菸。」如果這無效，他就會尋求催眠師來增強內心父母的訊息，讓內在兒童角色對之服從；或許也需要做幾次催眠來提醒內在兒童，強化催眠效果。傳統催眠就是一種父母親模式；催眠師基本上就是扮演權威父母的角色。

顯而易見，艾瑞克森學派基本上不採取父母角色。與其用權威的方式來強行給予暗示，艾瑞克森學派治療師用很多不同角色和觀點，來誘發個案內在資源。在艾瑞克森學派裡，治療師創造一種「社交真空」，個案不受外界影響，可以自發而帶著熱情行動。治療師運用間接暗示和創造模糊，讓個案主動參與在改變的過程中，

而不是被動接受。在表面上，是成人對成人的訊息溝通，同時在底層裡，有著兒童對兒童的溝通進行著，以激勵個案的自發性。

傳統催眠是一種以催眠師為主的模式，因為改變的力量源自於催眠師。艾瑞克森學派催眠治療則是一種以個案為主的模式，治療師誘發個案的潛力和資源。

傳統催眠是一種明講的禮物包裝暗示，要增強植入的想法。艾瑞克森醫師在傳統催眠上做改良。他強調某些東西，去除某些東西。跟標準化線性催眠過程不一樣，艾瑞克森提供一種量身訂做、有彈性、模糊的多層次溝通。個案透過治療師所提供的催眠暗示而充滿動力，自己發現內在資源，創造更好的新現實。

傳統催眠（食譜）不太需要催眠師自己的看法意見。因此，催眠治療可以將過程標準化，並進行量化研究。艾瑞克森學派催眠則是提供治療師另一種選擇，一種超越傳統催眠的客製化催眠過程，充滿創造力和具有療效。

總結來說，傳統催眠包含五個連續的進行階段：（一）催眠引導之前，（二）催眠引導，（三）深化，（四）治療，（五）催眠結束。催眠師在每個階段都按照一系列的催眠腳本來進行。透過直接暗示，個案失去大腦意識的控制，這是傳統催眠的核心做法。

為了幫助讀者更加了解艾瑞克森學派催眠方法，我們將更深入探索催眠現象的細節。我們將會學到，催眠引導是用來誘發特定催眠現象的，可讓個案自行「組合」出量身訂做的催眠狀態。

| 第八章 |

催眠現象學 [1]

　　理論學家對於催眠這個主題總是不停討論。至今，人們對於催眠仍然沒有一個共同定義或是本質性的瞭解。就像愛、祈禱或音樂，催眠是一種主觀經驗，很難從客觀角度去得到一個客觀定義的共識。然而，專家們會試著用他們自己的理論觀點來定義催眠。

　　很多學者會認為解離現象（dissociation）是一個重要的催眠元素。在二十世紀初期，皮埃爾・珍娜（Pierre Janet）說到，催眠最主要就是解離現象。希爾加德（Hilgard and Hilgard, 1977）發展出一個關於催眠的新解離理論，並強調在人類行為上的多重認知控制。也不是所有的理論學者都專注在解離現象，並認為解離現象是一個催眠的現象指標。精神分析師布萊門和吉爾

---

1 關於艾瑞克森催眠學派，我們用 elicit（誘發）這個詞比 induce（引導）這個詞更好些。然而，因為催眠引導（induction）這個詞幾乎已經是催眠專有名詞的一部分，我還是會持續用催眠引導這個詞，在這一章裡，讀者要瞭解「induce」跟「elicit」是可互換的同義字。同時在這章裡，我用了「therapist」（治療師）和「patient」（個案）取代了「hypnotist」（催眠師）和「subject」（被催眠者），後者我在傳統催眠引導那章裡大量引用。這樣的區別是為了強調操作者的模式（傳統催眠）跟人際互動模式（艾瑞克森學派）的差別。我對傳統催眠模式並沒有任何輕蔑之意。

（Brenman and Gill, 1947）將催眠定義為自我的退化功能。威茨霍夫（Weitzenhoffer, 1953）用可接受暗示來分析催眠現象。行為學家巴伯（T. X. Barber, 1969）提到任務動機的重要性，並將這樣的情境定義為催眠。社會心理學家沙賓和可伊（Sarbin and Coe, 1972）用角色理論來解釋催眠，並定義為「彷彿」的（as if）行為——被催眠者表現出「彷彿」他被催眠了。史皮格爾（Spiegel and Spiegel, 1978）假設催眠有一個生理學的基礎存在，其他的學者則認為催眠最主要就只是放鬆而已（Edmonston, 1981）。

艾瑞克森博士認為催眠是一種改變的「狀態」，但同時，他也有很多對於催眠現象的定義，有些定義甚至完全沒有提到「狀態」這個概念。比如他有一次曾說，催眠是呈現一些想法，用來刺激個案的內在學習過程（Zeig, 1987）。

解離現象、角色定義的行為、情境定義的行為、任務動機和催眠反應都包括在當今的艾瑞克森學派模式裡。然而在艾瑞克森博士的影響之下，這些概念都有了截然不同的全新詮釋，有別於之前的許多理論學者。

治療師對於催眠的定義會塑造出相對應的現象。如果治療師看重解離這個元素，治療師可能會下意識地強調解離這個現象。如果治療師看重放鬆，治療師會引導出放鬆的效果。沒有一個特定的催眠「狀態」是維持不變的。相反地，隨著時間的演化，催眠會相對應地發展成一個由許多不同元素組成的複雜聚合體。我們再一次用「愛」這個詞來當一個貼切的例子。愛有很多種形式：浪漫的愛、對家人的愛、心靈上的愛等等。對於愛的描述有許多的不同版本，不論是小說、詩詞、歌曲，都有大量的作品。不同的情境就會產生

不同的愛的「狀態」，然而這些感覺都還是定義為「愛」。催眠也可以類似地被細分為解離式催眠、主動式催眠、放鬆式催眠、圖像式催眠以及其他許多版本，而這許多的版本都根據治療師本身的治療取向以及個案的本質而決定。

我們用吃東西這件事來進一步闡述，不同的吃東西情境就會引導出不同的飽足感「狀態」。吃速食店跟吃高級餐廳的飽足感是不一樣的。雖然在這兩個情境底下都會產生飽足感，但是描述起來這兩個飽足感會是非常不一樣的經驗。

我們不確定是否有一種恆常不變客觀的催眠狀態，可以拿來做研究和量化（參考 Kirsch, 2011 的例子）。這本書提倡用一種流動性狀態來定義催眠，並強調催眠裡的互動反應是一個最主要的維度。

我們如何去創造一個可被廣泛接受的催眠定義呢？有很多方法可以用來分類：根據表象、根據功能性、根據病因、根據歷史，或是根據催眠現象跟其他事物間的相互關係。透過科學家的個人角度和語言，學術理論上的觀察提供了一個基礎來澄清這個概念。舉個例子，關於催眠的內在心靈定義取向，可以是從精神分析或是學習理論而來的；換個角度看，我們也可以透過人際互動的角度，從社會心理學或是系統取向建構一個可行的定義。

目前艾瑞克森學派的潮流是奠基在內在心靈和人際互動這兩個架構上，從而產生了一個流動式的催眠定義。這樣的取向對於追求精準和正確定義的科學家而言可能很難接受。但是一個流動式的多層次觀點，可以幫助治療師去著重在治療中主觀上有效度的最大效益，而不是著重於定義和解析客觀上的現實。

定義本身不是中性的。相反地，定義會影響並經常限制了後續的行動發展。如果治療師採用客觀的催眠方法，他很有可能會使用制式的催眠稿來做引導和治療。如果這樣的方法有效，那很好；如果沒有效，那治療師就要再找到一個新的定義，並根據這個新的定義來行動。通常，最有彈性的觀點可以產生最大的效益。更進一步來說，通常個案的僵化模式都是個案來尋求治療時最根本的核心問題，所以照道理說，治療師要建構一個有彈性的治療模式，才能促使個案產生較有彈性的行為。

催眠可以從現象學這個操作角度來定義。使用多層次定義的方法，我們建構了「溝通取向」的催眠，催眠是根據應用的功能以及誘發出來的效果來定義。我們會考慮三種觀點，治療師的觀點、個案的觀點和觀察者的觀點。在這一章，我們檢視由個案的經驗而來的許多不同的催眠現象。隨後的章節，我們介紹了艾瑞克森學派對於催眠的其他不同看法。

從現象學的觀點來看，催眠是一種還原論的觀點，這也是本書的核心思想。催眠是一個系統，這個系統可以被認定、被分類為一個存在的實體。我們可以藉由研究它的許多不同部分來看清楚這個系統如何運作。系統可以是確定性模式或是線性模式。車子就是一個確定性模式的例子。許多的車子零件創造了一個車子的實體。瞭解了車子的每個部分，以及他們如何一起運作，就可以瞭解整輛車的整體系統。在車子這個例子上，還原論述也是行得通的。但是如果你要試著瞭解雨水是如何在雲霧中創造出來的，把雲朵還原到它的本質可能無法提供一個完整的解答。如果你要瞭解一棵樹，把它還原到它的根、它的枝幹、它的樹葉或許是重要的，但是還不足以

解釋這棵樹是如何運作的。

有些系統，更進一步來說，是非線性取向的。催眠是一個非線性的系統，而不是一個確定性系統。就像是一個無法預測的系統，催眠的本質沒有一個清楚明白的明確答案。催眠經常是多變的，沒有一種所謂絕對的「狀態」。催眠有一種類似於自體相似的不規則碎片形；它是一種不穩定的互相作用融合。知道一開始的「狀態」並不代表你會瞭解或是預測到最終熟成的「狀態」。瞭解了熟成的「狀態」也不代表你可以推論到一開始的「狀態」。

我們還是可以透過實際性以及理論性的兩個觀點，更加瞭解催眠的組成部分。然後，我們有了現象學的觀點。

現象學觀點

透過催眠現象，催眠經驗變得生靈活現了。我們可以透過瞭解個案在催眠當中的經驗，來學習催眠的主觀本質。

從個案的角度來看，具體主觀的狀態改變，才算有進入催眠狀態（Zeig, 1987）。以下這些是個案的主觀經驗，個案可能對治療師的多層次溝通有反應，可能對催眠引導有反應，可能自動自發有反應。我們找出五種個案的主觀經驗。當個案體驗到以下一種或多種主觀經驗時，他們會認為自己正在催眠狀態裡：覺察力的變化、感知強度的改變、自發的（Avolitional）經驗、自發的反應，以及個案在感知上發現自己被催眠了。

從個案的角度來看，催眠是這五種經驗裡其中幾項的組合。個案不需要五項全部達成，才能證明自己已經在催眠狀態裡。最低要

求的組合和經驗標準依每個個案不同狀態而定。

覺察力的變化

個案通常在催眠引導裡會感覺到認知思考過程的改變，包括注意力和專注力。注意力可以在不同的方向上發生，像是聚焦或是失焦，轉向內在或是轉向外在。個案可能提升對當下的注意力。專注力可能變得更加敏銳以及更加輕鬆，不費力進入專注中。感官的覺知可能改變：有可能是極端專注在某個感知經驗裡，或是幾種特定感知的混合，進而忽略了所有其他的感知。個案有可能專注在視覺、聽覺、觸覺、嗅覺，或是自身感受。

在這個現象裡很重要的是覺察能力有了強烈變化。對某些人而言，單單只是改變他們的注意力就足以讓他們覺得「我被催眠了！」有些時候不見得像傳統的催眠，讓你把你的注意力集中在內在。

事實上，個案可能變得特別敏感，對外在環境的感覺放大很多倍。我們稱這樣的現象叫「高度體驗狀態」（hyperempiric）（Gibbons, 1979）。個案不見得都是處於被動狀態。有一種催眠叫做「積極警覺催眠」（active alert trance）（Wark, 1998）。也有一種做法，是在個案騎室內腳踏車的時候給予催眠引導。

感官敏銳度的改變

第二種常見的催眠反應是個案從「正常意識」狀態裡進入感官敏銳度改變的狀態。個案的感官可以變得是更清晰或是更模糊。感官敏銳度的改變可能帶領個案進入更深沉的放鬆狀態。然而更深刻

的放鬆狀態不見得是催眠的必要條件。如果有一個深刻的感官改變發生，像是視覺感受強化了，個案可能覺得自己進入催眠裡。同樣的，如果回憶變得鮮明，或是內心浮現畫面比平常來得更清晰，個案也可能覺得自己在催眠狀態裡。

有些人會在催眠狀態裡感覺到事物變得非常模糊。被催眠的人可能感覺身體感受變得模糊，可能對時間的感覺變得模糊，對外在刺激變得模糊，等等。覺察變得遲鈍，個案可能感覺感官刺激變得遲緩。同樣地，對某些人而言，單單是感官敏銳度的改變就足夠讓他們覺得自己被催眠了。

▍自發的經驗

個案如果要感受到催眠，通常需要體驗到某種程度的自發（或解離）狀態，感受到某些東西「自然發生」，一種感覺「自己既是整體的一部分，也是跟整體分開了」（being a part of ... and apart from）。這種解離經驗可以發生在身體層面或是精神層面。

手臂漂浮就是一個身體解離的例子，當個案感覺到他的手和手臂「自己」抬起來。雖然這聽起來很奇怪，就是身體動作是在沒有自主意志下自然發生，但其實生活裡大部分社交活動也是自動反應。一個精神層面的自發體驗可能是一個視覺圖像。比如治療師可能引導個案想像自己走在一條道路上。治療師會問說：「當你走在這條道路上時，你突然遇到了什麼人事物？」個案可能在不同感官裡突然產生一個「自發性經驗」。

關於解離的第二種分類是個案會感覺到「自己是整體的一部分，同時也是有別於整體的」。如果個案的覺察分裂，且在不同層

次上同時發生，個案會覺得自己在催眠裡。被催眠的個案常說，「我在聽你講話，但同時我也發現部分的我在其他地方。」「我知道我在這裡，但是同時我感覺像是漂浮在雲朵上。我在那裡。」

關於解離的第三種分類叫做溫和的去穩定化（mild destabilization）。艾瑞克森醫師晚年經常使用溫和的去穩定化這個技巧。有些個案需要經驗一下迷失的感覺，來證明他有進入到催眠的狀態。有些個案會需要一些溫和的困惑來感覺自己進入催眠裡。當個案感覺到有一點「頭昏眼花」，他們可能說自己進入催眠狀態裡。

自發的經驗可以是用直接或是間接引導語。它也可能自動發生，比如，個案突然出現經典的催眠現象，像是失去記憶或是年齡回溯。對某些個案而言，體驗到行為上或是精神上的解離現象才算有進入催眠裡。

自發的（潛意識的）反應

在催眠狀態裡，個案對於治療師的反應一定是不同於清醒狀態下的。個案會在催眠裡熱切地尋找自己的獨特意義，感受會比平常清醒狀態更深刻。比如，個案可能不知道自己正在對某個特定暗示產生反應，或者他沒有意識到自己反應的強度，尤其是當治療師用間接語言或細微線索方式傳遞訊息。一個簡單的細微線索例子是，當治療師不著痕跡地跟隨個案呼吸，治療師只在個案吐氣時說話，治療師逐漸放慢說話速度，這時，個案的呼吸頻率也會隨著「自動自發地」放慢速度。個案可能有朦朧體驗，說，「我正在反應，但我不知道是對什麼產生反應。」「我不知道為什麼我正在發生反

應。」在不完全清醒狀態所產生的反應，或是細微線索帶出來的反應，都會讓個案有一個不同於平常清醒狀態的體驗。有時候這種內隱的潛意識反應（implicit responsiveness）就足夠讓個案知道自己在催眠狀態裡。

我身為一個教導催眠的老師，我發現幫助學生瞭解如何運用細微線索來誘發反應，是一個比較困難的任務。治療師通常接受的訓練會要他們具體且簡單地進行溝通，他們沒學過如何運用雙關語（innuendo）或是間接溝通。

艾瑞克森是雙關語大師。他研究如何運用人類所有溝通管道，以不著痕跡地誘發特殊反應。他探索如何運用聲音特質來做催眠，像是說話語調、說話速度以及說話方向。他也探索如何運用身體姿勢、手勢和表情來做催眠。艾瑞克森醫師運用間接溝通來誘發催眠反應的能力是舉世聞名，他擅於藉由潛意識的表達（implication）來誘發催眠反應。儘管這樣方式是從催眠技巧裡延伸出來，他也把這些運用在治療裡，甚至不需要做正式催眠。

有些潛意識反應的意義可能逐漸被遺忘，但潛意識反應還是人類進化的象徵，還是人類存在的核心價值。在艾瑞克森醫師活躍的年代，社會心理學剛在啟蒙階段。社會心理學的一個重要觀點是研究潛意識反應，像是埋下伏筆（priming）、情緒渲染（emotional contagion）、服從權威（obedience to authority）、認知失調（cognitive dissonance）、歸因（attributions）和社交模仿（social mimicry）。社會心理學證實了潛意識反應是人類社交精華的一部分。

潛意識反應是我們人類生物發展的一部分。動物也會對雙關語

有反應。頭腦理解的溝通媒介並不是人類反應的必要條件，潛意識反應是我們社交生理系統的一部分，是我們情感功能的一部分。

藝術表達裡很看重人們對雙關語的反應。藝術家都是運用潛意識反應的大師，他們透過訓練和個人經驗來強化誘發人們潛意識反應的能力。藝術的目的是誘發觀眾產生一種情感體驗。藝術家都知道，透過直接溝通來誘發觀眾情緒或「狀態」所達成的效果有限，因此藝術家會透過間接溝通來提升觀眾的反應。

催眠跟藝術有什麼關聯呢？催眠必須被誘發出來，因為催眠是一種「狀態」，類似於情感，是無法透過資料傳遞就能達到效果。這本書裡提到的催眠核心作法是建立在潛意識反應上，這也是艾瑞克森學派的根基。當個案對細微線索產生反應時，催眠引導就結束了，正式進入催眠狀態裡。

定義催眠情境

在各式各樣的時刻，所有人們都體驗過這四種現象：覺察力改變、感官敏銳度改變、自發的經驗和自發的反應。當這些現象都發生在一個被定義為催眠的情境裡的時候，人們會說他們在催眠的狀態裡。比如，人們做一個白日夢，卻可以是格外清晰的，清晰到現實環境和刺激好像完全不存在。當你在開車時，可能自然地回想起以前發生的事。一個人打哈欠可能會引發其他人下意識地一起打哈欠。然而，以上這些經驗我們不會稱為催眠。有一個催眠現象上的第五元素。情境，在某種程度上是催眠狀態所不可或缺的。

個案會自我強化催眠師所給的暗示，不論是直接或是間接指

令。傳統催眠師會直接給指令：「現在我們要來作催眠了。」艾瑞克森醫師會細微地透過語氣改變和說話聲音方向改變給出一個暗示，讓個案知道接下來的溝通是開始做催眠的了。

間接去定義一個催眠情境有個潛在優勢：這可以建立個案對雙關語的反應。當然，間接溝通也有些限制。在我念研究所的時候，我製作了一個催眠引導錄音帶，找一個實驗個案，讓他單獨坐在房間裡，播放催眠錄音帶給他聽。我試著不提到催眠裡可能用到的雙關語。結果催眠現象並沒有發生。我當時應該增強催眠情境的描述，這樣或許可以得到催眠效果。

某些情況下，自我催眠這個概念是不適當的說法，因為它跟我所定義的催眠不一樣。自我催眠比較像是積極想像（active imagination）、冥想、放鬆、正念減壓（mindfulness）和生理回饋（biofeedback）的「狀態」，以上這些狀態都不是依賴間接溝通與人際互動反應——我認為這個特質是定義催眠的重要條件。

自我催眠和其他相關「狀態」有些跟催眠同樣的現象；它們在某種程度上是依靠覺知的改變，感官敏銳度的改變和解離現象／去穩定化現象。譬如，冥想可以透過聚焦在唸誦咒語上達成。積極想像可以造成內在圖像「自然出現」。正念減壓加深當下經驗的感受，但是以上這些「狀態」都不是透過人際互動而達成。我認為人際互動的過程中產生潛意識反應是催眠裡最重要的要件。這些「狀態」所處情境重大地改變一個人的體驗。你如何定義這些情境會改變個案被催眠的體驗。

總結來說，當個案體驗到一個或多個催眠現象時，他可能會說自己被催眠了。催眠治療師的工作是創造一個情境來達成催眠目

標。催眠治療師運用不同技巧來激化並鞏固催眠元素，取得並重整個案潛在的學習能力，幫助個案進入一個經驗裡，他們可以說自己在催眠狀態裡。有些人會把催眠拿來跟睡覺相比較，催眠治療師其實是喚醒個案內在的潛力。催眠引導的成功奠基於各個不同元素的融合交互作用。

當我們從現象學的觀點來看，催眠是一個社交／心理／情境的組合體，包含了三個心理元素：注意力改變、感官強度改變和解離；一個社交元素：對雙關語的反應；以及一個情境元素：透過情境決定是否在催眠裡。雖然這些元素會隨時間而改變，對個案來說，他們體驗到一個完整催眠。他們體驗到催眠「狀態」。

治療師的溝通是用來誘發個案的催眠現象。個案會把治療師的溝通強化，帶出個案主觀的催眠元素，再給予具有療效的暗示。治療師提供舞台，個案演出整齣戲碼，並給一個劇名。

艾瑞克森運用傳統催眠的很多面向，包括直接和間接催眠暗示。他也強調催眠體驗的不同面向。艾瑞克森徹底顛覆了催眠的定義，從一個靜止、內心運作的模式，轉變成一個量身訂做、人際互動的模式。艾瑞克森的催眠是用來喚醒個案潛力，而不是強加催眠暗示在個案身上。催眠引導的主要目的是獲得個案的潛意識反應。

艾瑞克森學派的治療師運用策略性思考，用來達成量身訂做的催眠目標。量身訂做的目的是為了能夠更有效以及更有效率地做催眠。再次強調，每個人所體驗到的催眠是不一樣的，就好像我們每個人對於愛、愉悅、痛苦、憂鬱的感受是截然不同。

提供一個催眠引導，最主要目的是用來產生影響力。就好像是簽一份法律合約，個案用簽名來代表他同意。當個案進入並發展出

他們獨一無二的潛意識反應時，就好像個案「簽名了」，允許一個內在打開，並產生改變。隨之而來，個案打開並發現內在潛力（資源）。比如，個案可能發現他們可以改變對痛苦的感覺。從心理學觀點來看，個案可能發現自己新的適應能力。

催眠反應最主要是一種對細微線索的解離反應。艾瑞克森學派治療師致力於提供細微線索，一種潛意識連結，一種多層次溝通（cf. Zeig, 1985a）。要更深入了解雙關語，我們就要探討多層次溝通的框架。

第九章

催眠溝通：喚醒式溝通

貝特森（Gregory Bateson）（Ruesch & Bateson,1951, pp.179-231）是最早開始瞭解多層次溝通裡指令層面的人。他提到，溝通包括了一個報告以及一個命令。資料，是明顯的報告，是包含在一個訊息裡，但同時也有一個隱藏的指令（命令），本質上這兩者的關係建構了一個呈現的資料。譬如，外層的訊息可以是很直接的：「過來這裡，」但是隱藏的命令可能是：「這是遊戲！這是工作！這是學習！這是親密關係！」「這很嚴肅！」

艾瑞克·柏恩（Eric Berne, 1972, p.227）相信溝通包括一個社交層面以及一個心理層面。他很有智慧地認為結果是根據心理層次來決定的。譬如我們試想一個約會場景：一個男性暗示地詢問另一個有可能進一步發展的對象：「你想不想到我家看看我的蝴蝶收藏？」表面上成人對成人的訊息（一個無傷大雅的拜訪），與底層小孩對小孩的訊息（性誘惑），是不一樣的。可惜的是，柏恩把底層溝通貼上貶低的標籤，認為心理層面的溝通是不好的。對柏恩而言，心理層面的健康是發生在成人和成人的意識層面。但其實多層次溝通是所有溝通裡都有的一部分，而且我們可以創造多層次溝通。

語言學家諾姆·杭士基（Noam Chomsky），對於語言規則裡

的表層解構與深層結構（Bandler& Grinder, 1975）提供另一種解釋。杭士基認為人類的行為是由萃取深層結構的意義而引導出來的。

保羅‧瓦茲拉威克（Paul Watzlawich, 1985）提到語言中的表面意義是用來指示，而語言中的深層涵義是用來命令。我則偏好使用「告知」（informative）和「喚醒」（evocative）這兩個名稱來描述溝通裡的兩個主要層面。透過喚醒式溝通，人們的情緒和「狀態」就會改變。喚醒式溝通是隱微的，要求接收訊息的人去做或是體驗某些東西。再次強調，喚醒式溝通是我們社會生物進化的一部分。從表面上看，喚醒式溝通是由意識所創造的告知溝通。催眠奠基於人類溝通進化的許多基礎元素上。

一個重要的瞭解是，誘發催眠，就像是誘發許多其他「狀態」，是喚醒式溝通的附加產品。告知式溝通是一種較差的影響方式，用來幫助別人改變「狀態」。告知式溝通最好是用在具體的指導上，比如，教導數學或科學。喚醒式溝通透過雙關語的力量強化一種「狀態」的改變，例如詩詞或幽默。艾瑞克森醫師是喚醒式溝通大師，這是誘發「狀態」改變的基礎。

要瞭解告知性及喚醒性溝通的差異，我們可以參考艾瑞克森醫師一套關於早期學習的催眠引導指令套組（Early Learning Set，以下稱「早期學習套組」），這個催眠引導能幫助個案進入早期學習回憶的細節裡（Zeig, 1985a）。在表面上，艾瑞克森醫師看似在描述小孩子如何學習寫字，其實底層的結構是一個催眠引導。當他開始提到學習寫字這件事，艾瑞克森醫師不會看著個案，而是透過身體語言的表達來告訴個案他正在做催眠。艾瑞克森可能看著地板，

暗示個案，「進入內在」。他會用一種很緩慢，小心謹慎，細微的聲音說話。以下就是一個「早期學習套組」的濃縮精華版本：

我要提醒你一些發生在很久以前的事情。當你第一次學習寫字母的時候，那是相當困難的事情。你那時是在「t」上方點一點？而在「i」上則橫畫一撇？「n」和「m」上面各有幾個凸起？「b」、「p」和「d」的圓圈是在直線的哪一邊？逐漸地，你在心裡面有個畫面，把這些字母永久地烙印在你成千上萬尚未使用的腦細胞中。當我跟你說話的時候，你的呼吸速度改變了，你的脈搏速度改變了，你的眼球的運動改變了……

在告知性溝通的底層，有數不清的喚醒性指令，有些是來自於一開始艾瑞克森醫師的非語言行為，暗示個案：「這是進入催眠的時刻！」治療師告訴個案，要對於細微的、隱藏的訊息做出反應，包括語言以及非語言訊息。在內容上，一個平行的心理訊息可以是：「就像你多年前第一次學習寫字一樣，這個任務（催眠）可能一開始很困難，但最終你能夠輕鬆做到！」

艾瑞克森醫師接著藉由描述在「t」上方點了個點，而在「i」上橫畫了一線，來誘發一個有幫助的去穩定化狀態。打破意識的慣性思考，去穩定化就變得有效，這種做法會接著誘發催眠現象[1]。艾瑞克森醫師一開始要求個案回想起過去的事情。接著，從過去變

---

1 傳統催眠像是一個搖籃曲，本質是讓人昏昏欲睡。艾瑞克森醫師在他的催眠引導裡會混雜一些緊張張力，更像是一首交響曲。

換到現在進行式的語句，「你那時是否在『t』上方點了一點，在『i』上橫畫了一線？」接著進到「現在『n』和『m』分別有幾個凸起？」艾瑞克森醫師暗示個案可以專注在明顯的「當下」記憶。相似的，在「m」之前說「n」也可以輕微地去穩定化。

接下來的催眠指令是在底層提醒個案，催眠體驗可以是逐漸發生的，但最終會成為一個永久的身體記憶，就像是學習寫字一樣。個案可以學習到催眠反應，就像是學習寫字的過程一樣，在剛開始時，頭腦很辛苦地用力記住，然後很快地變成身體的自動化反應。

個案在多層次溝通裡會抓取到跟催眠內容相關的個人意義，在這個案例裡，個案會抓取到催眠學習的體驗，而不是學習寫字。同時，艾瑞克森也在細微地鼓勵個案發展出一個「永久」視覺畫面，不僅僅只是在字母上，也在催眠體驗裡感受到這畫面。

艾瑞克森醫師接著開始一連串的確認過程，他開始說，「你的呼吸速度改變了……」確認語句是將個案當下在催眠裡正在發生的事情反饋給個案。這樣的說法是在暗示個案，他們真的沉浸在催眠裡，用一種他們想要的方式呈現潛意識，並且這跟催眠行為相符合。表 9-1 回顧了艾瑞克森醫師早期學習催眠引導組合的告知溝通及指令溝通。告知性說法更像是宣稱的以及質問的說法，而喚醒性的底層意義更是讓人感同身受。

傳統治療的做法是宣稱式的以及質問式的句子，例如：「你看起來悲傷。」或是「這是否讓你回想起過去一些事情？」但是個案隱藏在說話底層的意義是「幫助我！」這種時刻，催眠的底層含義就跟個案的底層含義是相符合的，不是表面意義，而是底層意義。

我們注意到，早期學習套組中有兩個清楚階段：專注，以及

表 9-1　早期學習套組

	告知性溝通 （指示性）	喚醒性溝通 （指令性）
1.	（艾瑞克森醫師看著地板，開始用緩慢，謹慎的聲音說話）	（a）進入催眠！！ （b）看著我來取得細微線索！！ （c）產生反應！！ （d）對我的非語言行為產生反應！！ （e）進到內在！！
2.	「我將要提醒你發生在很久以前的事情。」	（a）想起來！！
3.	「當你第一次學習寫字母的時候，」	（a）催眠很簡單！！
4.	「你那時是否在『t』上方點了一點，而在『i』上則橫畫了一線？」	（a）進入困惑！！
5.	「現在『n』和『m』分別有幾個凸起？」	（a）變困惑！！ （b）事物的順序可能出乎意料！！ （c）專注在回憶裡！！
6.	「逐漸地你在數千萬計尚未使用的腦細胞中形成了永久的內心圖像。」	（a）學習可以慢慢來！！ （b）內心視覺化！！ （c）這些催眠學習可以是持久的！！
7.	「而當我正在跟你說話的時候，你的呼吸速度改變了，你的脈搏速度改變了，等等」	（a）你正在做出反應！！ （b）你正在正確地反應！！ （c）你正在展現催眠模式！！

確認。這兩個階段是艾瑞克森醫師在他晚期人生裡常常用到的催眠引導元素。我們在第十二章會看到三階段模式，吸引（專注），確認，以及誘發，這就是艾瑞克森學派催眠引導的基本骨架。

在早期學習套組中，重點是運用間接方式來獲得治療師與個案之間的人際互動反應。我們要記住，技巧本身的聰明與否不重要，重要的是個案對於指令的反應，這樣的催眠反應就是治療最終收穫的成果。

艾瑞克森學派治療可以稱之為喚醒式溝通的技術。如同大家瞭解的艾瑞克森醫師，底層的喚醒式溝通比起表面的告知式溝通，更能有效地喚醒「狀態」和情緒的改變。

簡單來說，治療師瞭解個案的溝通是在多層次運作，但治療師不見得瞭解他們自己也能運用多層次溝通。我們思考一個比喻，種田。把種子埋到堅硬的土壤裡並期待它會長大，這是不切實際的。土壤長時間閒置會變得堅硬，我們必須鬆土。我們必須翻土並施肥；同樣地，個案內心的接受性必須被好好鬆動，才方便做催眠。

在催眠引導裡建立對雙關語的催眠反應就像是鬆土的過程一般。更進一步，對於催眠工作的順勢運用（喚醒資源）階段而言，底層心理層面溝通的反應非常重要。如果催眠治療工作運用了隱喻，這在個案心理層面被接收到，這個催眠引導就是一個很棒的鋪路工作，暗示個案「帶著警醒」接收催眠指令訊息。（見表 9-2）

心理治療的隱藏結構跟催眠引導的開始結構幾乎一樣。在催眠引導過程中，催眠師在社交層面談論事情（比如學習寫字母），但在心理層面邀請個案去體驗催眠現象，並且覺察到強度改變、解離現象以及對雙關語的反應。（這些現象就可以被定義為在催眠狀態

表 9-2　催眠引導裡的雙關語示意

催眠引導	治療
表面說「A」	表面說「X」
底層意思是「B」	底層意思是「Y」
得到反應「C」	得到反應「Z」

裡。）在治療過程的資源誘發階段，治療師可能在社交層面上說一個隱喻，比如，在山裡面行走並遇到一位智慧女人。在心理層面，這個隱喻會提供足夠刺激，誘發個案內在資源，帶來有效的行為改變。重點是，催眠引導灌注在治療當中，並且提供一個很好的治療框架。喚醒式溝通是催眠引導以及心理治療的底層基礎。

多層次溝通

　　個案會在不只一個層面上溝通。個案所說出來的話語只是冰山一角。傳統心理治療師的工作是更深入探究個案所提供的內容，並向個案解釋這些內容真正意意義是什麼。西格蒙德・佛洛伊德（Sigmund Freud）有一句格言提到成功的心理治療是什麼：「本我（id）過去在哪裡，自我（ego）現在就在那裡。」這個格言的前提假設是，藉由發現人們內心的原始動力，並在治療過程中把它們帶到意識表層上，人們就能更好地處理那些導致適應不良的衝動。

　　哲學家桑塔亞那（Santanya）指出，只要有人提出一個好想法，就會有另一個人過度延伸這想法。在心理治療領域裡，過度解讀一直被大眾媒體拿來當笑話仿效。卡通裡就有這樣的場景，兩個精神科醫師在雞尾酒聚會中相遇：他們友善地彼此問好「哈囉」，

但私下都各自揣測：「我猜想他那個問好到底是什麼意思？」

對於個案所說的話會解讀，通常是根據治療師的治療取向而決定。接下來的例子呈現出當代各種心理治療學派如何把多層次溝通的精華運用在臨床治療中。

讓我們想像一個憂鬱個案走進諮商室，對治療師說：「這真是美好的一天。」治療師會如何回應？

如果是一個人本治療學派的治療師，他可能會說：「你今天似乎感覺真的很好。」人本治療學派的治療師擅長運用同理心，他們可以挖掘出深層的情緒含意。他們相信，對於個案話語裡的情緒深層結構給予同理心反饋，會帶出個案的自我成長。

如果治療師擅長認知行為治療，她可能說：「你有什麼證據來支持你剛剛說的話？」認知行為治療通常聚焦於底層的信念系統以及認知模組。治療師必須發現個案的扭曲想法，並加以修正。

如果治療師是一個精神分析師，他可能說：「嗯……我在想你為什麼這麼友善地跟我說話。或許你把我和你童年時的一個形象搞混了。可能你把我誤認為是……你父親。」精神分析師聚焦在移情，他們認為早期兒時經驗造就現在生活的問題，底層的移情問題必須被帶到表面並加以分析。

如果一個治療師是完形治療學派，她可能說：「把『今天』放到一張空椅子上，坐到那張椅子上，成為『今天』，跟你自己說話。」完形治療師聚焦在底層的投射，並且對於未完成的事情創造一個結局。

如果一個治療師是人際溝通分析師，他可能說：「我從過去經驗知道，你通常藉由漫無目的地談論今天來開始治療對話。在人際

溝通分析中我們稱之為打發時間（Pastime）。打發時間是建構時間的方法之一。它可能有幫助，如果個案發現這一點，可能會想要用別的方式來建構時間，比如花時間在親密關係上。現在，我要在翻頁上畫出我們的自我狀態圖表。我會畫三個圓圈，分別代表父母，成人 以及小孩。打發時間好像是成人對成人的溝通。然而，從我個人經驗中我知道，過長地打發消磨時間，你會感覺我是從批評的父母角度來評論你，當然我絕不會這樣做。同時，我們在人際溝通分析裡會有所謂的交叉溝通。成人對成人的溝通在你看來就好像是父母對孩子的溝通一樣。這個交叉溝通在人際溝通分析理會進到下一步：『遊戲』。你常玩的遊戲是『踢我』。你玩這個遊戲是為了獲得一種慢性的糟糕感覺，你覺得受傷。建立這種糟糕感覺，會讓你進到一個人生存在位置──『我不好，你很好』。這會加深你人生腳本的意義──『我是一個失敗者』。所以，讓我們停止『打發時間』這件事，好好談些正經事。你的『改變合約』是什麼？」

根據艾瑞克・柏恩（Eric Berne），人際溝通分析治療的第一階段是結構分析，瞭解自我狀態。接下來，治療師進入人際關係的分析，發現無意識的負面人生腳本，並且正向地改變它。

接著我們談談，如果一個憂鬱個案走進艾瑞克森學派治療師的辦公室，會發生什麼事情？艾瑞克森學派治療師會發現，如果個案夠聰明，會在多層次上面溝通，治療師也應該要同等聰明地進行多層次溝通。此外，在禮貌的社交對話裡，去分析別人所說的話底層含意，是很沒有禮貌的。

回到這個例子，一個艾瑞克森學派治療師可能會說：「你知道，這真是美好的一天。我不知道你如何體驗到『這真是美好的一

天』。或許你會感到溫暖。或許……你現在專注……房間裡燈光的反射。進一步，你可能注意到聲音……可能是樹上鳥兒唱歌。而現在，你可以閉上眼睛……因為就像你現在體驗到，『這真是美好的一天』，你也可以輕鬆地回想起，回想起其他生動的例子，關於『這真是美好的一天』。有關於兒時記憶的『這真是美好的一天』……有關於學校的美好回憶，『這真是美好的一天』……高中的回憶，大學的回憶……因為當你可以舒服地回想起，你也可以帶著自信向前看，期待……帶著自信且舒服地期待著，但意識上你不知道你可以如何體驗到新的、深刻地感受『這真是美好的一天』。但，可以是很簡單地突然感受到燈光的反射，一種溫暖、舒服的感覺，或是鳥叫聲。然後，你可以體驗到，以你自己的方式，在你自己的時間，用一種對的方式感覺『這真是美好的一天！』」

當然這是一個模擬情況，但艾瑞克森學派治療師可以順勢運用多層次溝通，創造某種程度上鬆動、自然的催眠模式。這與很多心理治療師所做的事相反，傳統的做法是解讀話語底層的意義——幫助個案瞭解他們自己在說什麼。艾瑞克森學派治療師，相反地，會提供一個模糊、帶有詩意的溝通，個案必須去解讀治療師的底層含意。治療情境裡的分析角色顛倒過來。表面上看來，治療師比個案更主動。然而，在底層裡，個案必須激發自己，在治療師所說的話語裡找到適合自己的意義。

或許說個隱喻會有幫助。個案交給治療師一個「禮物」，用「病症」包裝的「問題」禮物。與其去分析問題底層的深層結構，艾瑞克森學派治療師會回送個案一個禮物，一個用「多層次溝通」包裝的「解答」禮物，比如給一個隱喻。個案必須激發自己去體驗

到拆禮物的感受。治療過程變成禮物交換。

多層次溝通可以用來為任何一種心理治療學派賦能。學習催眠對於各個心理治療學派都有幫助。為了喚醒個案的催眠狀態，治療師必須學習如何善用多層次溝通。多層次溝通是促進有效改變「狀態」的康莊大道，它是催眠引導的一部分。

指令與催眠引導

在喚醒式溝通裡，我們預期會使用到催眠引導技巧。透過指令，催眠可以被看為是一種原始自發反應的強化「狀態」，是溝通的表達層面。催眠裡一個最明顯的呈現就是個案對於細微線索的強化反應。

任何催眠引導，包括早期學習催眠引導，都可以發生在一個情境裡，我們間接定義這個情境就是催眠。無論是直接或間接定義催眠情境，都會幫助個案對隱藏的訊息產生反應。治療師接著在增強個案對細微線索以及間接暗示的反應上下功夫。在催眠情境裡，催眠狀態的出現是當被催眠的人接收到多層次溝通的意義，並且做出反應（Zeig, 1987）。催眠在多層次溝通上的效果，就像笑話，音樂演奏，以及藝術給人創造出的感受一樣。多層次溝通是用來創造改變「狀態」的好工具。艾瑞克森學派的做法，在催眠治療過程中都會運用喚醒式溝通，而不僅僅只用在催眠引導中。

跟隱喻類似，指令是從明顯的直接陳述句裡「除去一步驟」。隱藏的指令（通常被認為是「間接技術」、「細微線索」或是「多層次訊息」）是用來催化發展催眠反應，達成個案想要的目標。善

用隱藏暗示，可以在催眠治療的所有階段提升療效，尤其當治療目標是誘發個案的有效「狀態」時。

催眠中的指令

讓我們來探討為什麼指令式溝通能有效提升催眠效果。在催眠引導裡，如果治療師要求被催眠者移動他的頭，而個案照做了，這不見得是催眠。但，如果治療師間接提到，個案可以發現他自己「頭向下」（headed down），進入更深的催眠狀態，而個案，某種程度上，自動產生頭部移動的反應（比如一種自發性的改變經驗），那就可以被看為是催眠行為（Zeig, 1987）。

另一個例子：如果一個治療師對被催眠的個案說：「抬起你的手臂」，而她對這個直接命令有反應，為什麼這會被視為催眠行為？因此，治療師觀察個案的身體線索來提升自動化的反應。治療師可以這樣說：「你可以……抬起你的手臂」，一個雙層次溝通，可以被理解為事實陳述或是暗示。更間接的說法可以讓目標變得更模糊：「我不知道什麼時候你的手臂可以……就只是抬起。」或者，「你可以在一種去除防衛（disarming）的方式裡，發現催眠是一種向上提升（uplifting）的感覺，舉手可得（handy），以一種對你來說對的方式。」或者，可以講一系列小故事：「你曾經有過這樣經驗，你小時候在教室裡想要舉手問老師一個問題。你小時候曾經跑到廚房想要拿架子上的那個餅乾吃。你小時候，坐在車子裡，窗戶是開著的，你想要感受外面空氣的流動。」當個案對於這些累加暗示訊息產生反應時，我們就知道個案進到催眠裡了。

發展對細微線索的反應，是打開創造性無意識大門的鑰匙（Zeig, 1987）。喚醒式溝通，在催眠引導的最開始，幫助發展催眠反應，這在治療過程中可以被用來激發並發展資源。從溝通的角度來看，我們不需要去評價催眠的效果是好、普通，或是壞。更重要的是，盡可能地發展個案對於細微線索的反應。在傳統催眠裡，催眠的深度很重要。艾瑞克森學派認為對於暗示的催眠反應更重要。再次強調，當個案對催眠暗示有強化反應時，催眠引導階段就結束了。後續可以用隱喻等技巧來進一步發展隱藏的潛意識催眠反應，促進達成治療目標。

發展催眠反應

催眠的基本功是對於隱藏的表達溝通發展催眠反應。催眠引導的階段我們可以看成是個案對於指令溝通有所反應。在催眠語言那一章我們會討論特定的喚醒式溝通技巧。我們需要特殊語法來誘發個案對於暗示的催眠反應。

一個但書：語言和非語言訊息都能傳遞隱藏訊息。最好的催眠溝通是在溝通的層層波浪上建立催眠反應，而不只是用口語表達。

第十章

艾瑞克森學派的催眠引導與催眠

　　我們已經討論過催眠現象學以及多層次溝通，現在讓我們檢視一下艾瑞克森學派治療師的基礎取向，看看他們如何誘發催眠現象。催眠引導的原則是用來幫助個案進入催眠。首先我們來看看，傳統催眠引導和艾瑞克森學派誘發催眠的方法有何不同。

在催眠引導之前

　　在艾瑞克森醫師的晚年，他做治療時經常直接跳過整個催眠引導之前的部分。我記得他偶爾會用正式的催眠引導技巧幫助個案或學生。當他誘發催眠狀態時，他會建立一個親近關係，做臨床評估，糾正一些催眠誤解。（一個關於在會談開始就做催眠的例子，記載在《跟大師學催眠：米爾頓・艾瑞克森治療實錄》〔Zeig, 1980〕，心靈工坊出版。）

　　偶爾，艾瑞克森醫師會用一種「自然式」催眠引導來開始會談。自然式催眠技巧是從催眠衍生而來，但在進行催眠時，並沒有明顯、正式、儀式化的催眠引導過程。艾瑞克森醫師會講一個治療相關的隱喻，或用一種「帶有催眠感受」的行為給出一個治療任務，他會改變聲調和韻律，聽起來就像是作正式催眠。自然式催眠

加入戲劇化效果和力道，會加強療效。（Zeig, 1985, pp. 89-91，這章節裡有我第一次與艾瑞克森醫師於 1973 年見面時他對我做的自然式催眠。）

自然式催眠可以讓個案感到驚訝（Erickson, 1964a），可以有效繞過阻抗。如果一開始就給一個非正式的催眠引導，這就鼓勵個案對細微事情產生反應。隱藏的意義可能是：「很快進入工作裡！……這就開始了改變的過程！……發現出乎意料之外的事！」

有經驗的治療師可能在治療關係的早期就開始做催眠引導。艾瑞克森醫師在他使用自然式催眠之前，就已經有很多年做催眠及心理治療的經驗。他有個獨特能力，可以快速評估人，只需要一點點個案的行為為樣本就能夠精準掌握其人格特性。並且，在做了數以千計的催眠引導後，艾瑞克森醫師可以預測個案對他的催眠會如何反應。這完全無損於艾瑞克森醫師的聲望及名聲。他超乎尋常的催眠做法舉世聞名，很多人來找他就是期待他使用間接、令人驚訝的方式來促使改變發生。

使用自然式催眠可以讓治療師校準個案對於訊息的反應，這樣可以更精準地幫助個案達成治療目標。自然式催眠也可以拿來作為一種評估技巧。在傳統催眠裡，催眠引導之前的工作就是收集個案是否能被催眠、人格、社交因素，以及個案帶來的問題等等訊息。艾瑞克森學派的做法是辨認個人的被催眠風格，看看個案對什麼話語有反應，而不是評估個案可以被催眠的程度——好、普通或是壞。因此，在治療剛開始就使用正式或非正式的催眠引導是有幫助的。個案對於各種溝通模式的反應（比如：隱喻、類比或是軼事），可以讓治療師藉以評估個案對催眠的反應、注意力、解離能

力以及專注力。事實上，機靈且善於觀察的治療師會得以「探究個案全貌」。在治療的早期使用自然式催眠，會降低治療師或個案的失敗機率。

艾瑞克森醫師使用直接與間接的方式來獲得他想要的訊息，並在治療的最開始，就將重點從評估切換到治療本身。一點也不意外，艾瑞克森醫師花在的評估時間非常短；他幾乎不會探究個案的過去，通常只是尋找問題結構相關的訊息。我想起一些案例，艾瑞克森醫師只問了兩、三個問題就開始催眠治療。只要他有一點點可能的機會，他就開始作治療。艾瑞克森醫師在治療過程中會獲得更多評估訊息，隨著治療進行繼續「重新校準」他的方法。甚至，他有時是在治療完成時，才建立跟個案的親近關係。

傳統催眠師會在治療的前半段跟個案說話，在治療的後半段做催眠。艾瑞克森醫師會鼓勵學生先作催眠。跟個案的討論可以留在後面。先作催眠的目的是盡快地開始讓個案體驗到改變。這種做法的含意是，「我們將要立刻沉浸在改變的過程裡。我們不只是口頭空談。」

我岔開話題，讓大家思考一下，在一般地社會情境中，治療如何比評估更早發生。在醫學上這是無法做到的。在醫學領域裡，醫師先要有診斷，才能打造一個治療計畫，這包括身體檢查、社交史，以及各種檢查報告。在社交情境裡，心理治療沒有這種限制。醫療是一種既定結果的數據演算，而心理治療則是一種有彈性、啟發性、簡單假設的過程，治療師更需要避開既定流程。某種顯著程度上，在社交性的治療情境裡，治療可以比評估更早開始。個案透過治療所產生的行為反應，讓我們得到更多評估訊息，可以馬上運

用在更進一步的治療過程中。治療師以身作則示範隨機應變的能力，如果治療師可以「隨機應變」，隨時準備好對於發生的任何事做出正向反應，個案就學到這種正向隨機應變的能力。

誘發催眠

艾瑞克森醫師的催眠風格是把傳統催眠的元素打散、萃取精髓。當我們檢視傳統催眠時，我們很快就會發現，除了聚焦、放鬆和預設腳本之外，人類的行為功能有太多的可能變化。傳統催眠師可能不會注意到這些多餘的部分，因此把催眠過程中尚未被發展的、有潛力的部分遺棄了。

既然艾瑞克森的催眠是採取個人化做法，就沒有固定的誘發方式。艾瑞克森學派治療師會量身定做個案的催眠方案，整個治療過程會隨著個案所呈現的催眠反應而推進。艾瑞克森學派治療師種運用某些原則，而不是使用一成不變的誘發技巧。

艾瑞克森醫師從來沒有直接確認以下原則，但從我近距離跟他學習過程中，我整理了以下十個他常用的原則。這些是環環相扣、疊加操作、根據個案需求和個案資源而發展出來的，而不是按照隨意順序進行的。同時，這些原則也不都是同等重要，或是一定要出現在每次催眠過程中。這些誘發原則的主要目的是幫助個案體驗到催眠現象，進入催眠狀態裡。我們複習一下，五種催眠現象是：（一）發展催眠反應，尤其是對細微線索；（二）改變注意力及覺察；（三）改變強度；（四）盡可能鼓勵自發的行為（自動化行為）；（五）定義情境為催眠狀態。

四大目標與十個催眠引導原則

四大目標底下有十個催眠引導原則：

催眠誘發原則

（一）催眠反應的模式

    1. 評估並發展催眠反應，特別是對細微線索

    2. 引導注意力及覺察

    3. 引導聯想

    4. 在角色裡建立催眠回溯

    5. 激發動機

（二）朝向催眠方向前進，建立持續的行為和情境

    6. 確認催眠反應

    7. 定義情境為催眠

（三）中斷意識的習慣模式

    8. 運用困惑／去穩定化

（四）鼓勵自動化行為

    9. 強化感覺的改變

    10. 刺激解離現象

治療師在幾個方向上建立整體的催眠反應模式。目標是改變、或多或少的暗示、專注力、覺察、強度、連結、社交角色，以及動機。

誘發催眠的指導原則是對隱藏意義發展出催眠反應。治療師找出、獲得並發展個案正向催眠反應的獨特能力，特別是對細微線索。治療師一開始給一些無關緊要的任務，當個案有反應後，再發

展對雙關語的催眠反應。

無關緊要的指令

艾瑞克森醫師常要求他的個案在開始正式催眠引導之前，作一些無關緊要的事情，例如他可能會要求個案移動椅子，或是把他們的雙手放在一個奇怪的地方。藉由觀察個案的反應，艾瑞克森醫師會得到診斷的訊息：個案會猶豫或是很快配合？

除此之外，艾瑞克森醫師還會把反應「串連」在一起，用來創造「一種流動」，最終建立一個催眠狀態。譬如：在要求個案移動他的椅子之後，艾瑞克森醫師會用他桌子上的紙鎮來吸引個案注意。他可能會在談論其他事情時要求個案往紙鎮的方向看。逐漸地，他會輕鬆帶領個案進入催眠誘發的狀態裡。

一系列的小暗示是有用的。在一個「無關緊要」的指令之後，艾瑞克森醫師的個案被輕鬆帶到一系列催眠反應，看著艾瑞克森尋求下一個線索。每一個後續步驟本身都是小事情。個案會配合，因為對於簡單要求並沒有什麼好害怕或抗拒不同意的。

透過採取小步驟，個案體驗到很大的成功機會和很小的失敗風險。個案不需要知道這些指令是策略性做法，便能逐步建立連結來加強心靈上的合作，建立正向動能。（對於某些個案，一個出奇不意的催眠引導可能更有效。）

（一）催眠反應的模式

1. 評估並發展催眠反應，特別是對細微線索

　　一般來說，治療師鼓勵個案對於逐漸增加的間接及隱微指令作出反應，逐漸使催眠指令更間接。治療師接著強調無意識的自動化過程，及其對於行為的強力影響。

　　個案對於細微線索的反應看起來像是自動化行為，是個案無意識的功能所產生，而非治療師引導的結果。個案會「由內而外」被激發。治療師提供一些引導，就跟畫家作畫觸動觀眾一樣。畫家創造引導，看畫的人會體驗到不同感受。

　　治療師對於個體差異的精確評估在催眠過程中非常重要。有些個案對間接催眠很自然地有反應；有些個案則對直接催眠有反應。有些個案對於口語催眠指令有反應；有些個案對非語言的催眠更有反應。在所有情況裡，治療師的工作是盡全力提升個案對細微線索的反應。治療師並不只是期待個案對於口語催眠有反應，也希望個案對音調、抑揚頓挫、語氣強調有反應。

　　我們想像一下，艾瑞克森醫師會運用細微線索來改變個案對時間的感受。他可能改變說一個字句的時間長短，拉長發音，來呈現一種時間變慢的感受。艾瑞克森醫師可能會緩慢且謹慎地說「現在」與「時間」這兩個詞，而且拉長尾音，比如，「現在在在在……」以及「時間間間……」，目的是要細微地暗示個案一種時間扭曲的主觀感受，一個拉長的「現在」。一段時間後，也許是在催眠中或是催眠結束後，艾瑞克森醫師會詢問個案，看看個案是否對細微線索有反應。

再次強調，治療師可以讓自己的說話速度或非語言的行為與個案的呼吸速度同步。在一小段時間後，治療師可改變自己的呼吸速度，看看個案的呼吸是否也跟著改變。類似的技巧也可以用在同步個案的身體動作上。

日常生活中，我們隨處可見對於細微線索的反應，這並不只有在催眠當中才會發生。譬如在一個大教室裡，當一個人咳嗽，其他人也會跟著咳嗽。坐在左右的人們通常呼吸會同步。陌生人走在一起時，步伐速度會一致。然而，在催眠裡，我們可以設計並運用這個社交模仿的現象。一旦對細微線索有反應，治療師可以確信催眠已經展開，就好像個案對細微線索的反應是親近關係的確認，這幫助治療師打開一扇門，通往正向無意識的世界。一旦個案允許治療師進入這個世界，獲取個案內在資源的過程就可以開啟，這通常包含間接地引導個案感受更有彈性及更好的「狀態」。

在進行治療之前，先發展對細微線索的反應，算是一種治療常識，這不僅僅是艾瑞克森學派催眠會這樣而已。治療師是個案內心農場裡的佃農，申請在個案的土地上工作，而個案透過對細微線索的反應來同意這件事。治療師接著誘發催眠反應，這是「翻土」的工作，來帶出這片土壤原有的肥沃。像之前提到的，在土壤還沒有鬆土、準備好之前，種下種子（治療）是沒有用的。透過系統性、策略性步驟，治療師滋養個案，因為當人們對於細微線索有反應，他們會預期有更多激發反應的步驟。

再次強調，催眠引導是一種具有影響力的運作。個案對細微線索有反應就是同意治療的進行，這樣做，個案也給治療師一個反饋：「好的，你可以影響我。」除非對細微線索的反應已經被誘

發，不然最好不要進行催眠治療。這些細微線索的反應很重要，值得治療師花夠多時間來發展並獲得。治療的成功與否與個案對於雙關語的反應息息相關。

　　一個艾瑞克森學派的催眠引導可能持續幾個小時，或是只有幾分鐘，取決於個案對雙關語的反應。在傳統催眠裡，催眠引導大約是十到二十分鐘；這取決於催眠師所使用的催眠腳本長短。在艾瑞克森學派的做法是，催眠引導的長度取決於個案的反應。一旦個案對於細微線索有一個明顯反應，催眠引導就結束了。

　　最有效運用細微線索來誘發個案反應的方法是，精微地運用個案自身的行為動作，引導用來增加後續的自動反應。譬如在催眠引導剛開始時，艾瑞克森醫師對一個閉著眼睛的女士發問，那女士剛剛緩慢地點了點頭，艾瑞克森問她，「你知道一般人是如何點頭的嗎？他會這樣點頭。」艾瑞克森醫師接著示範一個正常的點頭。「而……妳……這……樣……點……頭……」艾瑞克森醫師跟隨個案緩慢且機械性地點頭動作，同時放慢自己的說話速度，把整個過程變得更機械化。（提醒大家，艾瑞克森在說話時，這個女士是閉著眼睛的。）艾瑞克森接著說，「而妳不知道我在說什麼，但妳的手可以向妳的臉部靠近。」艾瑞克森醫師在間接地告訴這女士，她可以把艾瑞克森說話的速度當作線索。同時，艾瑞克森也細微地暗示著，這女士所展現的點頭動作，就是一種進入催眠的現象。他同時也用這些話來進一步暗示，這女士已經不再處於一個「正常」狀態裡。艾瑞克森醫師接著可以運用間接、多層次溝通來建立更多個案的催眠反應。

　　在給出更複雜的暗示之前，艾瑞克森醫師經常與個案一起工

作，建立雙方最佳的狀態，激發個案最佳潛能，使個案對細微線索有催眠反應。就像之前提到，個案對於細微線索的催眠反應會為更進一步的催眠暗示奠定基礎。我們把複雜的暗示放到一系列催眠反應行為發展上。（Zeig, 1987）

再次強調，建立對細微線索的催眠反應是一種人際互動過程，取決於催眠師和個案之間的能力。這會幫助個案進入一種準備好被催眠的狀態。個案狀態的打開會奠定一個基礎，讓其他催眠引導策略、自動化行為、解離現象等等催眠現象更容易發生。

建立個案整體催眠反應的其他方向，陸續在以下介紹。

2. 引導注意力及覺察

注意力是一種自由流動、不強迫的過程，這跟專心不一樣，注意力不需要太費力。催眠治療師致力於誘發個案最大的催眠反應，然後可以引導注意力。如此一來，催眠治療師修便能正個案的體驗，朝著催眠現象發展前進。注意力可以用不同方式來引導，在三個方向客製化：（1）由外在到內心；（2）強化當下的體驗；以及（3）強化聚焦在某事物上。

把注意力從外在轉移到內心，這是一種常見的催眠治療運用。譬如在傳統催眠裡的催眠引導，催眠師要個案眼睛固定注視一物，例如聚焦在牆上的一點，而後逐步給予暗示，讓個案眼睛越來越沉重，然後閉上眼睛，轉向「內在」，放鬆下來。

然而，不見得每次都用由外到內的引導方法。催眠治療師可以不預期地在外在環境與內在體驗之間交替，創造一個有效張力，建立個案的催眠反應，增加戲劇效果等等。

進一步說，不見得引導個案聚焦在內心都是適當的。例如有疑心病的個案，他們會保持對外界的警覺性，這是一種保護自己的方法。聚焦並限制覺察只存在於內心裡，這種做法對疑心病的個案不適合。遇到疑心病的個案，治療師可以引導個案聚焦在外在事件，再連結到另一個外在事件，甚至可以增加他們對外在事物的覺察。

　　要引導注意力到哪個特定方向，也是因人而異的。有些人習慣聚焦在內心，我們就可以引導他們逐漸從內心轉移到聚焦外在事物，這會創造不同體驗，帶領個案體驗到全新的感受（有催眠效果的感受）。

　　在引導個案覺察，讓個案更深入體驗當下時，治療師鼓勵個案去發現當下體驗的一些細節部分。這會創造一種「不一樣」的感覺，因為人們很少有意識地聚焦在此時此刻。當個案這樣做時，他們會有全新感受，一種奇怪甚至扭曲的感覺，這會幫助個案體驗到催眠狀態。

　　另一種常見的、治療師致力於誘發的催眠狀態，是聚焦注意力狀態。在十九世紀，詹姆士·布萊德（James Braid）聲稱催眠是「單一意志」，或是聚焦在單一想法。我們可以集中注意力在一個外在事物或是過程，或是聚焦在一個內在體驗，譬如一個內在視覺畫面。

　　再次強調，治療師運用引導注意力來增加個案的催眠反應。催眠注意力的前進方向則取決於個案、治療師以及所處環境。對一些個案來說，改變注意力和覺察就是催眠狀態發生的必要條件。

3. 引導聯想

　　一個人的聯想是認知及內心世界重要的一部分，可以用來幫助創造催眠動力。當我們參與在任何溝通裡，不論是催眠的或是非催眠的，在前意識（prescious）層次裡都會勾起一連串畫面、投射、幻想、感受、感覺和回憶（比如感覺溫暖或舒服），這些東西會決定我們接下來會有什麼互動以及行為。行為與社交反應最主要是取決於前意識產生的聯想，而不是複雜的正面與負面想法交織。

　　艾瑞克森醫師尋找並運用引導聯想來誘發個案的獨特行為，他很喜歡這樣操作：如果你想要某人談論他的兄弟，你就應該談談你自己的兄弟（Zeig, 1985）；如果你想要知道一個人以前在哪裡上學，就談談你自己在哪裡上學。

　　在艾瑞克森學派催眠治療裡，聯想是在隱藏的層次裡進行的。艾瑞克森會開始一個正式的催眠引導，他會說：「坐著，你的腳放在地板上，雙手安定地放在大腿上，你的拇指沒有碰觸任何東西。」這個催眠指令鼓勵個案想像他／她的「打開」姿勢連結到後續的催眠治療。

　　艾瑞克森醫師做治療時，經常在間接層面上引導個案進行聯想。他不會明白地指示個案去想特定事情，相反地，他引導他們跟隨一個新奇想法，允許個案自由創造聯想和連結。引導聯想比直接告訴個案去想特定事物更有效，因為引導聯想會增加個案深刻體驗的感受。在催眠裡，引導聯想是意動效果的一部分。

　　在傳統催眠裡，意動行為，比如手指訊號，只有一個明顯目的（讓你知道這是催眠），然而，艾瑞克森學派治療師經常運用喚醒

式技巧來引導聯想，並誘發正向回憶（Zeig, 1985b）。一旦豐富的正向聯想激發了，正向行為便「自然」發生。這都是個案的功勞。個案體驗到改變的發生；治療師只是提供引導。譬如用催眠治療厭食症，艾瑞克森醫師會在治療敘事裡隱密地加入飢餓和吃東西的訊息給個案（Zeig, 1985a）。個案可能不知道艾瑞克森醫師在做 什麼，也不會反抗這些隱藏的訊息。個案會下意識地聯想到食物、飢餓，以及跟食物有關的情感及社交活動，最終，足夠的聯想就會誘發個案想吃東西的渴望。這種多層次溝通技巧是艾瑞克森醫師對於治療最獨特且偉大的貢獻之一。

建構催眠引導時，治療師可以幫助個案去聯想治療師期望的治療效果。比如，一場在艾瑞克森醫師家中的工作坊裡，艾瑞克森對一個學生開始作催眠引導，他想要誘發個案放鬆的反應。艾瑞克森沒有直接對那位學生說話，而是對著地板說話，他運用一種催眠語氣、節奏、聲調的改變：「現在，讓我們放下一個頑固信念，也就是在催眠治療裡，你應該讓個案感覺輕鬆和舒服……」（Zeig, 1980, p.86）艾瑞克森醫師在說話時，強調這些字句：「放下」、「輕鬆」、「舒服」，引導個案產生聯想。運用間接溝通時，艾瑞克森醫師知道個案會對這些字句產生一個意動、獨特的聯想，這些誘發聯想能幫助他產生催眠體驗和想要的行為。艾瑞克森不會直接溝通治療目標，而是運用平行溝通技巧——用一種平行方式去溝通他想要的治療結果，這會誘發個案產生正向聯想。

我們回想一下，艾瑞克森醫師關於早期學習的催眠引導指令組合，會讓個案參與在一個回憶裡。透過詳細描述學習書寫英文字母的過程，他引導個案產生聯想，更加沉浸在學習書寫字母的

當下，更加深讓個案沉浸在一個美好回憶裡。艾瑞克森醫師說過（Personal communication, 1974），建立催眠狀態最簡單的方法之一，就是讓個案沉浸在一個回憶裡，然後強化催眠裡出現的正向改變。在催眠引導階段，讓個案聯想到過去的回憶，這在治療的後半段會變得很有用，一個正向回憶可以用來產生療效。

一再強調引導聯想的重要性，是因為前意識聯想出來的東西會決定我們種種行為。如果催眠治療師要影響個案的行為，就要用誘發的方式引導個案的聯想，朝向有療效的方向前進。艾瑞克森學派的心理治療師會說，我們在個案產生問題的同一層面上創造解答，完成治療。如果問題是發生在語言層面上，那說話可以產生療效；如果問題是發生在聯想層面上——很多問題都發生在這個層面——那最好能在個案身上誘發一個全新聯想。

引導聯想的藝術對學生來說很難理解，也不容易做到，因為心理學正規教育總是教導如何教導個案。給個案心理教育或許有幫助，但是如果我們想要喚醒個案的潛力「狀態」，那心理教育就沒有用。「狀態」是由多層次溝通誘發的。要更進一步瞭解這點，我們可以用科學和藝術來對比。

科學講究事實；科學是一種告知；而科學的語言必須有事實根據，要具體且清楚明白。心理學研究生學習的理論和技巧，這就是科學所教導的方法。

藝術講究多層次溝通。藝術會誘發出一個體驗。藝術提供暗示，而不是告知知識。當你閱讀一本小說或是看一部電影，你被劇情所引導著，而產生體驗。藝術家所使用的方法是如此精微，觀看者無法看見背後動力。如果觀眾看懂了背後的動力，這就變成一種

告知訊息，而不會有那種衝擊的體驗了。藝術的目的是精微地影響你的情緒、感受和「狀態」。

為了要誘發「狀態」，我們需要引導聯想。對於隱藏的訊息產生反應，就是一種引導聯想的過程。

4. 在角色裡建立催眠回溯

催眠引導的第四個原則，建立回溯，包括了一種不一樣的人際互動，讓個案參與在一個更好的角色裡。為了建立催眠反應，引導注意力，引導聯想，治療師必須建立一個良好關係，讓個案願意去承接治療師所提供的東西。催眠治療師處於一個在上位者角色，修正並影響著個案，就像是在對他們的體驗「動手術」。這個在上位者的角色掌控並定義兩人關係，也影響彼此的社交角色。

個案可能會想，在催眠關係裡，個案是處於在下位者的角色。在下位者的心態就是「我準備好要被催眠」，這個角色是由在上位者所定義的。從心理學的觀點，個案以外在事物為自己定位，甚或想要掌控外在事物。如果想要被催眠，那個案在大部分時間必須切換到下位者的角色，保持彈性，接受治療師說的催眠指導語。

再次強調，建立回溯指的是回溯到一個更好的角色，而不見得是催眠裡的年齡回溯。角色回溯就像是精神分析學派作者（Gill & Breman, 1959）在書裡所提到，將催眠運用在回溯上，是為了更好地幫助自我（另見 Gruenwald, Fromm, & Oberlander, 1972）。在催眠裡，當個案暫停批判性思考，回溯就會有幫助。

羅蘭德・雪爾（Roland Shor, 1959）指出，在催眠裡，個案對於現實的感受會消退。他認為催眠的不同深度包括：角色扮演、催

眠狀態、古老回憶的出現。角色扮演可能是進入回溯的一步驟。

有一些個案無法放下他們在關係裡已經習慣的角色，或是無法暫停批判性思考。這些人通常被認為是不容易催眠的個案。有些阻抗太過強大，我們無法超越，儘管治療師可能用了許多催眠技巧，建立很好的關係，都無法超越那個阻抗。

在一些特定心理學派，個案允許治療師來帶領並決定溝通方向。個案如果放下他的批判，就必須信任治療師的直覺，要跟隨治療師的方向前進，可以期待治療師知道他自己在做什麼，會帶來好的療效和結果。回溯到更好的角色，在每個心理治療學派裡都有類似做法，而在催眠治療裡，我們更加強化使用。

艾瑞克森醫師經常在一開始跟個案互動時就建立角色回溯，他不會讓個案待在一個習慣、失功能的角色裡。（我與艾瑞克森醫師第一次相遇，寫在《跟大師學催眠：米爾頓‧艾瑞克森治療實錄》〔1980〕，以及《艾瑞克森：天生的催眠大師》〔1985〕，書裡也有些如何運用困惑來誘發更好的角色回溯的好例子）。艾瑞克森醫師運用「早期學習套組」來誘發更好的角色回溯，他會間接誘發個案回溯到小孩子的角色。這是一個好的回溯，因為小孩子會尋找一些線索而作出反應。建立角色回溯在治療裡很重要，在催眠的治療師和個案關係裡很重要，這會幫助治療師誘發催眠現象。另一個重要因素，則是動機。

5. 激發動機

牙醫師凱‧湯普森（Kay Thompson, D.D.S., Personal communication, 1974）在他的書裡提到過動機在催眠暗示的重要性。動機是所有心

理治療成功的必要條件，也是影響社會心理運作的重要因素。催眠和短期策略心理治療學派特別看重動機。因為動機如此重要，我們特別在此提出來當做催眠引導的一項重要原則。當個案有動機要去完成催眠任務時，治療效果最好。大多數人不喜歡被命令強迫去做事情。傳統催眠師通常是扮演一個權威下指令的角色。個案被告知，「你將會進入一個更深的催眠裡」，或是「你的手會從大腿上抬起」，這種權威說法通常會導致個案的阻抗。

在艾瑞克森學派，治療師會給予更被動的說法。比如，「你可以進入更深的催眠裡」，或是「你的手可能離開你的大腿」。更進一步，我們會在催眠暗示上加上動機句子。動機句子會提供個案一個理由——「為什麼」他要照你的催眠暗示做：「因為這很有趣」，或是「因為你會很享受」。如果治療師能夠更加瞭解個案的動機，治療師就可以依據個案的價值觀，更好提供符合個案所需要的催眠暗示。個案會更願意配合。

我們也可以隨意的給予個案動機，或者提供一般常見、容易被大家接受的動機。最好的策略是找到並運用個案現有的動機。如果個案喜歡學習，這可以運用當做一個動機。「你可以聚焦在內在，因為你會學到有用的東西……」如果個案有強烈好奇心，你的催眠暗示可以聚焦在發現新奇事物。如果個案看重安全感，你的催眠暗示可以跟安全有關的事物連結。

獲得動機對於艾瑞克森醫師來說很重要，無論是正式催眠或是自然催眠。有時候，在第一次會談之前，艾瑞克森可能給個案一個任務，用來評估接受治療的動機。我還記得在 1973 年他寫給我的第一封信裡，他強調了動機對於個案的改變的重要。

▍（二）朝向催眠方向前進，建立持續的行為和情境

確認催眠反應，把一個情境定義為催眠，這是催眠裡兩個具體方法，都會有效創造催眠現象。

6. 確認催眠反應

在催眠引導裡，「確認」）（ratify）催眠狀態的發生與否是件有益的事的（在傳統催眠裡，會在催眠結束後確認）（Erickson & Rossi, 1979, p.10）。確認的動作擔負著「說服者」的功能。在確認催眠時，催眠治療師會明白或暗示地，向個案展示催眠體驗，以說明他已進入催眠狀態。在催眠結束後，傳統催眠師會問個案，「你覺得自己在催眠裡待了多久？」如果個案的回答透露出他的體驗時間比實際更久或更短，就代表他已在確認對時間長短的感受是否改變，而這也暗示有進入催眠。一個有效確認，會讓個案下意識對催眠反應產生歸因。歸因是態度和行為的重要決定因素。

艾瑞克森做確認時，習慣透過間接的句子來告訴個案他在催眠裡。這是透過暗示個案的行為是在催眠裡，給個案反饋來達成。這些行為被看成是催眠的集合體（在本章稍後討論）。譬如，如果治療師指出，個案在催眠裡用一種奇怪的方式點頭（如同艾瑞克森醫師在前章節提到的），治療師就是在暗示，指出個案正在體驗一種帶來改變的催眠反應。因此，我們可以合理推論，催眠「狀態」一定有發生。很多時候，催眠治療師提供反饋，不停創造催眠反應，誘發催眠現象。

前面提到艾瑞克森醫師說過，一個簡單的催眠引導就是讓個案回溯到一個回憶裡，當沉浸在回憶時，便確認改變發生。例如，在

關於早期學習的催眠引導指令組合中，當艾瑞克森說出了小孩子學習書寫字母的困難後，會接著講一系列的確認句：「當我現在跟你說話，你眨眼的速度改變了。你的脈搏速度改變了。你的吞嚥反射改變了。你的肌肉和你的動作也改變了。」在這個情境裡，每一個確認句都在暗示催眠反應發生了。這些確認句也暗示著，我們希望也預期這些行為會發生。

7. 定義情境為催眠

催眠實驗研究指出，明白地定義一個情境是催眠，會幫助增強個案對於後續催眠任務的反應（Barber, 1969）。如果一個情境被定義為催眠狀態，個案會細微地改變自身反應，也就是說，會增加對於雙關語、解離體驗、自主動作體驗的反應。

艾瑞克森醫師如何間接地暗示催眠呢？有一個組合包括了非語言和平行溝通技巧，幫助個案瞭解「這個情境就是催眠狀態」。我們回想一下，艾瑞克森醫師可能突然改變他的聲音語調及節奏，小心謹慎，像是催眠語氣一般。透過面向地板講話，他改變他說話聲音的方向，這會產生一個效果，好像他的聲音是來自四面八方似地。他用一種緩慢、機械式的方式移動，這就像是被催眠的人會做的事情。

無論是明顯或是隱藏的表達，把一個情境定義為催眠是很重要的。個案只需要模糊地覺察到這個情境是催眠狀態就足夠了。

再次強調，為什麼艾瑞克森醫師需要費力地去定義這個情境是催眠狀態，而不是直接告知個案呢？就像之前指出，艾瑞克森學派的治療師需要透過間接的方式誘發反應，因此透過間接定義情境，

治療師做到了兩件事：他提供一個機會讓個案對細微線索有反應，同時也提供一個機會去定義這個情境是催眠狀態。

▍（三）中斷意識的習慣模式

有療效的困惑技巧和去穩定化技巧能中斷意識習慣，是進行催眠基礎。再次提醒，去穩定化以及些微神祕感是體驗催眠的重要一部分。

8. 運用困惑／去穩定化

傑·海利（Jay Haley, 1990）觀察到，無論操作者是否注意到，每個催眠引導都會用到困惑技巧。善用困惑技巧可以對於體驗改變模式的有幫助，無論是改變反應、改變注意力、改變解離、改變強度、改變專注。去穩定化技巧可以看成是播種之前的翻土。

運用困惑技巧可能一開始看起來很難，好像是過度操弄。但我們可以記得，在一套音樂旋律中，和諧音和不和諧音，穩定和不穩定的樂句，都一樣重要。我們知道在一段不穩定的曲調之後就會有穩定的曲調出現。如果沒有不和諧音，音樂就顯得枯燥乏味。笑話之所以好笑，通常是因為它短暫地去穩定化，這是一種雙層次溝通。觀眾會笑出來，則是因為暫時累積的張力釋放了。

我們不需要對個案大量使用困惑技巧；輕微轉移注意力或是暫時去穩定化，就足夠了。通常，當治療師使用不尋常的溝通時，去穩定化會透過非語言行為誘發，比如用溫柔、輕快的聲音，加上不尋常的節奏說話。如果個案隱約發現自己有奇怪的感受出現，這就是輕微的去穩定化現象了。去穩定化是多層次溝通的副產品。輕微

的去穩定化會讓人思考，到底在心理層面、社交層面，那個訊息是什麼。

催眠治療師可尋求個案的奇特反應，譬如要求個案抬起手臂，同時又要求他無意識地不要抬起手臂，這看起來似乎是自相矛盾的任務。如果治療師直接命令個案，「抬起手臂」，那就不會有解離的動作產生。因此，就連傳統催眠師都會使用輕微，有點神祕的方法，給出手臂懸浮的暗示，以輕快語調暗示個案抬起手來，讓個案「下意識地」完成任務，而不是用意志力去完成。去穩定化技巧可以催化非自主感受的發生，如同下面的例子所說：

這可以是非常地（緩慢地說）此時此刻（present）……呃……愉悅（pleasant）……此時此刻（present）……愉悅（pleasant），體驗到一小步移動和改變…聰明的行為，你不知道哪一隻手，你的潛意識會選擇抬起來，向你的臉靠近，知道它會抬起來，然後你可以全然享受在那個體驗裡。

我們經常在要給出最終暗示之前運用去穩定化技巧。人們不喜歡不確定的感覺。因此，在一個困惑感受出現之後，人們會對於接下來的具體催眠暗示做出正面的反應，尤其是這樣做會釋放因為困惑所帶來的緊繃感受。

在一些情況裡，艾瑞克森會用困惑技術來展開一段催眠或治療關係。這個方法對於中斷習慣角色、習慣模式很有用，但需要花很多功夫才能學會這個技巧，不建議初學者使用。

治療師可以採用一個三步驟方法可以用來建立催眠反應：跟

隨、中斷、建立新模式（cf. Tart, 1975; Bandler & Grinder, 1975）。治療師跟隨個案的某個體驗，運用去穩定化來造成中斷舊習慣，隨之在意識上創造（誘發）新的催眠狀態以及相關行為。這是透過去穩定化所產生的模糊感受來強化隨之而來的催眠暗示。

譬如，如果治療師想要暗示個案聚焦於內在，一開始可能先讓個案聚焦於外在事物，接著創造輕微的去穩定化，最後，暗示個案可以聚焦於內在。以下是一個半傳統催眠關於閉上眼睛的催眠引導的例子：

跟隨

當你坐在這裡，你的腳可以輕鬆地放在地板上；你的手輕輕地放在大腿上；你的手臂輕鬆地放在兩側。

中斷

你不需要加上重量，或是把重心放在體驗一種無重量的感受，這可能是你一直期待的。

建立新模式

但是，你可以作一個簡單的呼吸，閉上眼睛，你可以進入到內心去發展某些感受，某些愉悅的感覺，某些沒有重量的感受，這可以引導你到達一個新的、發展中的舒服體驗。

跟隨、中斷、建立新模式，這些並不僅僅是催眠暗示的細微動力，這也是心理治療的基本做法。在個案提出一個問題後，治療師

接受並跟隨這個問題；或許些微地中斷個案過去的舊模式，重新定義問題，幫助個案建立一個更有效的行為模式。

　　一旦中斷開始生效，就會誘發個案的自動化反應，這會讓個案自然進到催眠狀態裡。

（四）鼓勵自動化行為

　　我們之前強調，個案在催眠體驗中應該有某種程度上的非自主反應。通常，有兩種方式來達成這個催眠目標：加強感受改變，以及誘發解離。

9. 加強感受改變

　　在催眠引導時，個案可能呈現輕微的身體解離，並在感受體驗上有所改變，譬如，身體意象和動作感知兩方面感受有了改變這種改變可以在催眠引導中自動發生。在催眠引導中，既定感受的改變需要的是治療師將個案感受能力的彈性最大化。治療師通常會運用在個案身上發生的自然現象（心理層面和非自主層面）來做催眠。譬如，在傳統催眠中以眼睛聚焦的催眠引導，治療師會暗示個案盯著一個東西看，而個案可能同時察覺視覺感受改變，出現像隧道一樣的畫面，或者生理上的改變，像是流眼淚。治療師可以在這些自然現象出現前就預先告知它們可能發生，然後當真的發生了，就接受這些現象。譬如：「你可以真的注意到，並享受內心所出現的那個隧道畫面……」其他可以運用的感知改變包括了，那個物件看起來變尖銳了；或是身體畫面的扭曲——你的頭看起來變大了，你的頭跟腳感覺變遠了；或是有一種像是搖擺的感覺（並沒有真正發

生）。

　　無論是被暗示的，或是自動自發的感受改變，都很好用來「說服」個案他在催眠裡了。它們證實某些不同的事情發生著，並暗示個案進入了催眠狀態。感受改變是一種內在、隱藏的改變，需要治療師提醒個案覺察。

10. 刺激解離

　　跟強化感受有關，解離現象跟人們的非自主體驗有關。解離代表某種程度上的自動化反應。催眠現象、感受改變，或是催眠反應必須透過一種解離、自發的方式發生。感受到解離現象的個案會說，事情「自然發生了。」

　　解離可以發生在心理層面或是生理層面。很多時候個案會說，感受到一種現實情境存在，同時，另一層面上有個不尋常的體驗發生。譬如個案在催眠狀態裡可能說，「我知道自己在這裡，跟你在一起，但同時，又感覺我好像回到小時候在學校裡……」個案會體驗到像是手臂懸浮這樣的生理解離，正在升起的手臂跟身體是分開的。

　　在我的一個培訓課上，兩個教練幫一個個案作雙重催眠引導的練習，個案給了以下的反饋，包括了感受改變、心理解離和生理解離：

　　我有兩個反應，其中一個教練聲音非常溫柔、舒服，非常有效。另一個教練聲音則完全相反。我對這兩個部分都很感興趣。就好像我的臉變得不對稱了。一邊的臉是深深放鬆，另一邊臉則是沒

有放鬆，就好像我的耳朵會被一邊的聲音吸引。我知道我的眼睛閉著，但感覺好像有隻眼睛睜開。我很好奇，這很有趣，他們兩個教練都說我的臉是對稱的，沒有改變。

有些個案對於解離會有負面反應。另一個參與培訓的同學說：

有一件事我發現會讓我分心，當我在催眠裡，治療師指出我的眼皮快速顫動。我可以在內心裡看見我自己在做這件事，但我不能相信內心的畫面。我想著：「我失控了，因為我無法控制我自己的身體……」我不喜歡我內心看到的那個畫面，我發現我的身體對抗著那種狀態。我會允許自己接受一些比較正向的說法，會讓我感覺一切都還在掌控中。

就像以上個案所說的，觀察個案反應非常重要。學生／治療師有責任要注意到強化眼皮的顫動以及後續的解離現象對個案來說並不舒服。治療師或許注意到個案的緊繃，呼吸速度改變，以及阻抗行為。瞭解這一點，學生／治療師就可以提供更正向、更支持的暗示。

我早期跟隨艾瑞克森醫師學習的日子，遇過一個自發性解離的例子（Zeig, 1985）。在 1975 年，我帶著朋友保羅到鳳凰城去見艾瑞克森醫師，他懂得如何錄影，並錄下他做催眠引導的影片。保羅是我剛開始學催眠時的練習對象。雖然他對催眠有興趣，但他很難被催眠。當時，我對催眠瞭解不多，而保羅大概也知道我是新手。他對我的催眠技巧沒有反應，因為我當時真不懂怎麼做催眠。但最

後我發現，艾瑞克森醫師可以讓保羅進入催眠，並產生夢遊行為。

有一天我們錄著艾瑞克森醫師幫保羅做催眠的影帶。那是一個很棒的催眠引導，保羅是個天真的個案，我對於錄影成果很滿意。當時我們算是製作最早期艾瑞克森影片的一批人。隨後，我們發現保羅忘記裝上麥克風，導致我們錄下的影片都沒有聲音。當天結束時我們發現這件事，並告知艾瑞克森醫師，艾瑞克森醫師提醒我，這個無聲影片也是我的責任，並不全是保羅要負責設備正常運作。

隔天早上第一件事情就是，艾瑞克森醫師要我「播放那段無聲的影片。」我打開電視並播放我們前一天錄製的影帶。保羅當時坐在個案椅子上。艾瑞克森醫師帶著期待看著保羅，而保羅正看著那段無聲影片。艾瑞克森醫師繼續帶著期待看著保羅。保羅盯著那個無聲的影片，接收到艾瑞克森醫師期待眼神所帶來的訊息，保羅進入了催眠狀態。

我很快把錄影器材架好，開始記錄艾瑞克森醫師接下來對保羅要做的事。當我架好器材時，保羅從他的椅子上站起來並且機械式地走過房間，他的右手像是僵住一樣懸空掛在他身邊。保羅接著走到錄影器材旁，用左手檢查所有的錄影器材是否正確安裝，尤其是麥克風是否裝好。然後，他完全沒有覺察到周遭環境，又機械式地走回原來椅子上，繼續保持在催眠狀態裡。保羅接著看向艾瑞克森醫師，並以一種緩慢、停頓的語氣說：「當我處在現在這個狀態裡，我希望你教我更多事情。」

保羅不知道他的右手僵住／解離。他展示了自動化解離現象。這對我和保羅來說，都是絕佳的學習機會。艾瑞克森醫師接著評論說，要達到像保羅這樣深刻的解離現象，通常需要相當長的時間學

習才能做到。

我們注意到，艾瑞克森醫師運用了我們認為沒有價值的東西——那部無聲影片。他順勢運用「沒有價值的」影帶，並賦予它價值。這是寶貴的一課，關於如何順勢運用，關於如何用期待的眼神來催眠個案。他示範了如何運用個案之前的催眠體驗來幫助建立新的催眠體驗。

在人類體驗裡，解離體驗更是經常發生，不是什麼特殊的事。我們都會從我們經驗裡的某些面向解離。自動化行為發生在很多事情上，像是開車、做白日夢或是讀一本書時都會發生。解離是生活的一部分。

然而，在催眠裡，我們懷個策略性目的提煉出解離。催眠裡常見的解離目的就是用來創造催眠現象。這會幫助說服個案，他對催眠有反應，也可以當作是有療效的資源。

治療奠基在找到資源，這些資源可能是潛在的，或是個人未曾覺察到的，因此個案無法找到並運用這些資源。儘管每個焦慮個案都曾經體驗過放鬆，他／她或許再也找不到那種感覺。更進一步，心理問題可能解離到一個程度，問題就「自然發生了」。解離人格疾患或是人格消失，是比較極端的例子。恐慌症或是憂鬱症比較少跟解離有關，家庭問題跟解離幾乎無關。然而，所有的心理問題，在某種程度上，都有些許解離元素存在。個案困在一個模式裡，無法得到想要的結果。

然而，解離更多時候是一個正向、良好的體驗，而不是負面體驗。我們大多數生活的大小事情——說話、走路，以及專心——都是自動發生。這些不需要用腦的（avolitional）行為讓生活簡單

許多。解離既可以是解答，也可以是問題。催眠解離可以是一個平台，從中我們能創造更好的解離。治療裡有個目標是幫助個案把「問題狀態」自動替換成「更好、更有效狀態」——一個狀態是治療師和個案都可以看到，盡可能自動化運作。催眠可以幫助產生更好的自動化行為。

一個引發解離的尋常技巧，需要意識大腦的一些功能以及無意識心智的另一些功能來使之發生。例如，治療師可能說：「你的大腦意識可以想著房間裡的噪音，而你的無意識心智可以享受舒服的感受。」（參考本書第十一章〈催眠語言〉，可以更瞭解如何說「解離句」。）以上的解離句，就是催眠語言常見的一種。我們用一種不尋常的語法來創造自動化反應。當解離反應出現了，就在告訴個案催眠正在發生，有些不一樣的東西正在出現。

儘管大家說的解離句都一樣，個案會有他們自己獨特的理解方式。這需要催眠治療師決定如何量身定做適合個案的解離句。

為什麼要使用這十個催眠引導原則？

這十個催眠引導的原則會帶出催眠現象，如此一來，個案就可以確認自己在「催眠狀態」裡。更進一步地，我們可以把幾種方法混合，策略性地設計出一個讓個案滿意的效果。什麼是理想效果？所有的原則都會指向一件事——個案的配合。最終，催眠引導的目標就是讓個案配合，好讓他們在自己的問題裡找到解答（Zeig, 1985, p.4）。催眠引導是一個配合產生催眠反應的「狀態」引導。

達到一個「配合狀態」，是心理治療裡的一大挑戰，我們的

目標是要喚醒個案，讓他們體驗到自己的潛力和資源。簡單說，所有治療的最終目標都是提供個案一個情境，讓他們可以找到自己內心的解答。大多數情況下，個案都知道他們需要做什麼，例如停止拖延、對伴侶好一些、換工作、減肥等等。只是，他們不見得做得到。催眠引導——不論是傳統催眠或是艾瑞克森學派催眠，都會增進個案的配合度，並且增加個案配合達成治療目標的能力。

譬如，對想戒菸的人，治療師如果只是簡單地告訴抽菸的人：「你再也不想抽菸了……」這結果應該不會太有效。但是，即使是這麼簡單的暗示，如果是在催眠引導後再給予，成功機會就會變大。更進階的方法可能是，有效喚醒個案的潛力，用來達成治療目標。不論運用何種催眠技巧，首先要讓個案對催眠引導有反應，這是個案願意配合的指標。

這十個催眠引導的原則，以及它們產生的催眠現象，都適用在傳統催眠及艾瑞克森學派催眠裡。催眠治療師可以自由選擇，運用某些原則多一點，或較少運用其他原則。因此，所產生的催眠就會是根據催眠治療師自身的「傾向」而決定的。

儘管傳統催眠對於某些個案很有幫助，艾瑞克森學派催眠可以幫助到更多人，有更好的效果。讓我們檢視一下這十個原則在傳統催眠及艾瑞克森學派催眠，實際運用上有什麼差別。

艾瑞克森學派更有彈性並且量身訂做催眠引導原則，而傳統催眠則傾向於使用固定的催眠腳本。運用原則而不是使用固定腳本的好處是，能讓治療師依據個案的差異而量身定做催眠。傳統催眠裡，通常是要個案去配合治療師。艾瑞克森學派治療師致力於配合個案需求。

催眠引導原則的實際運用

　　我所學過的第一個傳統催眠引導，是一個身體催眠。一開始，個案在手中握一枚硬幣，並把手往前伸出，掌心向下，大拇指在外側。我在研究所時，學習這個催眠引導腳本。當時，我住在一間大宿舍裡，有很多室友。我請他們在客廳裡排成一排，（保羅也是其中一人），每一個人手中握著一枚硬幣，我就照著催眠引導腳本念。大家硬幣都沒有掉。我沒有感覺挫敗，繼續做這個催眠研究。其中我的兩個室友去拜訪艾瑞克森醫師，並且他們都進入催眠。但是當我請他們在客廳裡站成一排，照著催眠腳本念時，我其實沒什麼信心。還好，他們沒有人硬幣掉下來，不然，我也不知道硬幣掉下後的下一步該怎麼做。

　　圖表 10-1 是一個簡單的例子及分析。可運用的催眠引導原則在右手邊欄位裡。

　　我們可以在上述的催眠引導裡找出一些其他可運用的原則，包括輕微困惑以及角色回溯。這個新奇的技巧其實會造成一些困惑，因為個案在治療師的影響下，被鼓勵回溯到小時候的角色。我們也可以加上「確認」這個技巧，但在傳統催眠裡，確認通常是在催眠結束後才詢問。譬如催眠師可能接著問：「你過去是否感受過這樣深刻的視覺改變？」一個正面回答會「確認」在催眠裡產生的「狀態」改變出現。

表 10-1　催眠引導原則範例（一）

催眠引導	催眠引導原則
1. 這是我們如何開始催眠	1. 定義這個情境為催眠
2. 看著你大拇指上的一點	2. 聚焦注意力，建立催眠反應
3. ……開始注意到你的視覺改變了	3. 感受改變
4. 畫面可能變得模糊，而你的眼睛可能流淚	4. 感知改變
5. 過了一會兒，你會開始注意到硬幣的重量	5. 引導聯想，聚焦注意力
6. 然後你的手指開始緩慢打開。當硬幣掉下來，你將會閉上眼睛，而你可以開始進入催眠裡。	6. 解離
7. 我想你將會發現很有趣的事情……	7. 動機

　　我所學到的第二個傳統催眠引導，是一個視覺想像催眠。催眠師要求個案注視牆上的一個點，想像有個時鐘，有根大的、紅色的擺動秒針。當秒針走過 12，個案就可以把眼睛閉上，放鬆，進入催眠裡。如同第一個例子，我們也運用同樣的催眠引導原則：聚焦注意力，定義情境為催眠，暗示有解離等等。

　　明顯地，傳統催眠運用更多神奇與放鬆的技巧來創造催眠引導。然而，傳統催眠傾向於依賴腳本，不會靈活地強調運用催眠引導的基本原則。傳統催眠幾乎不會幫個案量身訂做催眠引導腳本。傳統催眠師和艾瑞克森學派催眠師都運用相同的催眠引導原則，因為這些是催眠反應的基本要素。在艾瑞克森學派裡，我們會更加看重如何做，以及何時調整和修正這些原則。

在艾瑞克森學派裡，我們傾向客製化的做法。有別於催眠師自己話語，艾瑞克森醫師的催眠引導是對話式的。個案在催眠裡互動，而不是僅僅被動地接受催眠。甚至，有時候，艾瑞克森醫師不說一句話就完成了催眠引導。這可以參考我在 1973 年與他的第一次互動（Zeig, 1980, pp. 19-20: Zeig; 1985, pp. 89-90）。

我第一次到艾瑞克森醫師在鳳凰城的家，已經是晚上十點半分了。那是我第一次拜訪，他邀請我去他家作客。艾瑞克森醫師的女兒，羅珊娜（Roxanna），到門口迎接我，把我介紹給她父親。艾瑞克森就坐在門的左方，看著電視。羅珊娜說：「這是我父親，艾瑞克森醫師。」艾瑞克森醫師緩慢地、機械式地抬起他的頭，細微地、一點一點地移動著。當他的頭到達水平的高度時，他用同樣的方式一點一點地轉動他的頭朝向我。當他跟我眼神交會時，他猶豫一下，或許是在跟隨我的呼吸速度，或許是撤除他的凝視。他重複這個像機器人一樣的動作，並且沿著我身體的中線往下掃描。

沒有人用這種方式來跟我打招呼，說「哈囉」。有那麼一段時間，我就「僵住了」，凍結了。我不知道該做什麼。羅珊娜趕緊打圓場，把我帶到另一個房間裡，她說她爸爸很愛開玩笑。

然而，艾瑞克森醫師的行為並不僅僅是開玩笑。那是一個完整的、非語言的、出乎意料的催眠引導。所有催眠引導所需要的元素都包含在他對我所做的行為和動作裡。一開始，他中斷了我的意識思考模式。我預期他會跟我握手，並說「哈囉」，但是艾瑞克森醫師的行為阻斷了習慣性反應；我無法運用我慣用的打招呼模式回應他。更進一步，艾瑞克森醫師並不僅僅是中斷模式，他也在創造新模式。他向我演示他希望我體驗到的催眠現象，也就是，機械式的

解離、僵化動作。個案通常在體驗手臂懸浮時會出現這樣機械式反應。他的行為精微地抓住我的注意力，這也是催眠另一個原則，聚焦注意力。當他沿著我的身體中線往下看，他在我身上創造了一個聯想，暗示我說：「向下，向內，體驗催眠。」

艾瑞克森醫師利用這個機會教導我溝通的力量。一直到許久之後，我才開始體會他在這次會面裡所帶來的無限創造力。接下來的六年，我近身跟隨艾瑞克森學習，定期拜訪他。我沒有看過他再次使用這個催眠引導。他就像是為了我而特地發明那個神奇的催眠引導。

運用催眠引導的原則，而不是傳統催眠技巧，有許多優點。治療師可以著重在催眠引導原則，用來幫助特定個案發展他們專屬的催眠。譬如，如果個案喜歡感受的改變，治療師可以增加更多這類型的催眠暗示。無論是不拘形式的催眠引導，或是從情境當中自然衍伸的催眠引導，都會對催眠關係添加情感元素，增加催眠強度，允許一個為個案量身訂做的催眠自然發生。在催眠引導中可以加入有療效的東西。催眠引導也可以為後續的治療發展鋪路。在傳統催眠裡，催眠引導只是一個誘發催眠狀態的工具。催眠引導與治療本身並沒有相關聯。一個量身訂做的催眠引導，可以是未來治療的前奏。催眠引導本身也可以是治療過程。催眠引導可以是治療的一種工具，而不僅僅只是為了建立催眠狀態而存在。

我們可以透過跟個案談論一個他有興趣的話題來開始催眠引導，像是騎自行車或是走路，甚至是一件普通的事情，例如走進一間房間，都可以拿來當作催眠引導。治療師只是運用一個生活裡常見的主題，把催眠引導主題和原則交互使用。以下是一個想像的催

眠引導腳本，示範給大家看如何將催眠引導原則帶入一個自由形式的催眠引導裡。或許接下來的治療會跟進入一間房間這件事有關。

表 10-2　催眠引導原則範例（二）

催眠引導	催眠引導原則
（治療師看向地板，用一種緩慢謹慎的聲音說話。）	1. 定義（間接地）這個情境為催眠；聚焦注意力.
你以前有經驗，走進一間房間，可能是一個特別房間。 你可能猶豫……一下子，眨眼……一下子。甚至……閉上眼睛……一下子。然後好奇。	2. 提供機會讓個案對細微線索產生反應。
當你帶著期待、好奇，你可以想著：「可以輕鬆地進到內在……這個房間，是多麼好啊。」	3. 建立動機。
你會感覺溫暖嗎？……你會發現這個光亮是你滿意的亮度嗎？……你會不會發現出乎意料的事情？	4. 引導聯想。
然後你可以……帶著自信走進去，注意到裡面很美好，舒服而且輕鬆……找到一個地方舒服地坐下。花點時間體驗那個舒服感受……	5. 聚焦注意力
當你在房間裡面（inside）探索，你內在會有洞見（insight）。	6. 刺激「去穩定化」。

催眠引導	催眠引導原則
當你完成這些步驟，你可能突然發現一個畫面，像是做白日夢。或許一下子，你發現自己在家裡，一張舒服椅子上……或許一下子，你在外面……在海灘上，溫暖，愉悅的一天。	7. 刺激解離。
而突然，你發現自己是一個小孩子……	8. 誘發角色回溯。
當我正在和你說話時，有些改變已經發生：呼吸速度的改變，身體動作的改變，你的眼皮跳動速度的改變。	9. 確認。
甚至你可能發現，聲音變得靠近，你的視線變得清晰，你的感受變得更敏銳。	10. 強化感受改變。

　　記住，重要的不是催眠引導溝通的架構，而是個案產生的反應。因此，催眠引導應該根據個案語言及非語言的反饋來調整修正。個案的反應通常需要一種催眠引導原則裡的非邏輯思考運用。在催眠引導時跟個案說話並確認催眠反應，是很有幫助的。畢竟，這是一個催眠的對話。

催眠元素組成

　　要能夠成功地運用催眠引導原則，找出催眠行為非常重要，尤其，這會幫助確認個案處在催眠狀態裡。我們將這些行為分門別類，歸納出催眠的元素組成（Hypnotic Constellation）（cf. Erickson

& Rossi, 1979, p. 10）。這些催眠的元素組成不只可以幫助確認個案是否處在催眠狀態裡，還有其他重要目標。治療師致力於誘發每個不同個案所展現的催眠行為，這些都是催眠元素組成的一部分。並非所有個案都會表現催眠元素組成裡所有行為，但很多人會有他自己獨特行為模式。一旦治療師找到個案獨特的行為模式，就可以在接下來的催眠裡繼續建立同樣模式並運用它。譬如，個案可能進入催眠裡，展現快速動眼現象，以及不對稱的放鬆。另一個被催眠的個案可能出現重複的動作，而且感覺時間延遲。我們在後續的催眠引導，就可以繼續建立相關的行為反應。

沒有什麼絕對正確的進入催眠方式，或是絕對正確的催眠行為。以下清單包含我們常見觀察到的個案催眠，這會幫助個案更容易接受後續催眠[1]。每個個案都會有自己獨特被催眠的風格，以及

---

[1] 提醒大家，在美國除了傳統催眠之外，還有許多不同學派的催眠，這些學派大多是需要個案被動接受催眠，個案靜止不動。在巴西，大衛·艾肯斯特（David Akstein, 1973）示範過動態催眠以及催眠治療法，他命名為「歌舞女神催眠治療（Terpsicorio Trance Therapy）」（參考 Richeport，1982 以獲得 TTT 的資訊以及文化的催眠狀態）。艾瑞克森醫師的催眠治療是一種雙向溝通對話。希爾加（Hilgard, 1986）曾展示催眠可以在施加在活動中的個案。他修改了《史丹佛可被催眠量表》（Stanford Scales of Hypnotic Susceptibility），並讓個案在騎健身自行車時，展現複雜的催眠現象。凱·湯普森（Kay Thompson），艾瑞克森醫師最早的學生之一，幾乎不用放鬆技巧，而是使用一種她叫做「亮眼、亮尾催眠」（Bright-Eyed, Bushy-Tailed Trance）（又稱為個人溝通催眠）。

過度強調被動催眠，導致一些作者會認為放鬆就是催眠的全部（Edmonston, 1981）。本書的重點在於，催眠不是放鬆或是被動狀態，而是個案主動參與在心理層面和互動關係運作上。

一些催眠行為的組成，這是因人而異的。催眠治療師不需要期待個案會展現所有催眠現象。同時，這些催眠行為特質在催眠治療的過程中也可能隨時改變。我們可以暗示個案產生這些現象，但大多數時間，這些催眠現象自然發生。

催眠的元素組成

以下這些行為可以是自動發生或是被暗示出來。

（一）精簡動作、反應和表達

（二）照字面意思理解

（三）反應時間變慢

（四）吞嚥反射及驚恐反射改變

（五）肌肉放鬆

（六）脈搏、呼吸速度和血壓改變

（七）眼睛行為改變

    1. 瞳孔改變

    2. 眼皮顫動

    3. 散焦

    4.「催眠凝視（眼神渙散）」

    5. 眨眼速度改變

    6. 眼球震顫的改變

    7. 流淚

（八）有方向感的動作減少

（九）重複動作

（十）不對稱行為

（十一）身體周遭循環系統改變

（十二）肌肉不自主抽動

（十三）增進互動關係與催眠反應

（十四）增加意動行為

（十五）撲克臉（面無表情）

（十六）催眠邏輯

（十七）身體方向感改變

（十八）鋸齒般動作

（十九）僵直

（二十）聲音品質改變

（二十一）非自主動作改變

（一）精簡動作、反應和表達

個案在催眠裡，跟正常清醒狀態相比較，通常動作很精簡。當告訴個案看像一個特定方向，他們的頭會機械式、緩慢地轉動，而不是像正常時候的流暢轉動。

進一步地，被催眠的個案在說話就像是發電報，他們更傾向非語言溝通和簡短句子。就好像個案會選擇最省力的方式來回應。

（二）照字面意思理解

催眠可以創造一種很表面的心智，造成一個更好的角色回溯。小孩子會照字面意思理解。當你問個案，「你可以站起來嗎？」被催眠的個案可能回答說，「可以」。

（三）反應時間變慢

當你要求催眠個案作出反應，他可能會花很長時間才有反應。這個催眠現象或許是時間扭曲所造成。我們需要小心評估個案的反應變慢，可能是催眠現象正在發生，而不是阻抗。

（四）吞嚥反射及驚恐反射改變

在做催眠引導時，個案可能出現吞嚥反射和眼皮反射動作的減少。同時，個案可能對外在刺激沒有反應；甚至當有突然的驚嚇刺激出現時，他們也不會有清醒時的正常反應。被催眠的個案通常會聚焦在當下相關的事物上，不會被外界事物分心。

（五）肌肉放鬆

當一個人進入被動催眠狀態，肌肉張力以及身體動作通常會放鬆下來。臉部肌肉會「熨平」（iron out），有時候看起來像是蠟像般，戴著面具的表情。

（六）脈搏、呼吸速度和血壓改變

隨著個案沉浸在催眠暗示裡，他的脈搏速度，呼吸速度和血壓會降低。

（七）眼睛行為改變

個案可能會出現催眠現象，像是瞳孔放大或收縮；緩慢的，用力的眼球轉動；跟快速動眼（REM）做夢時相似的眼球運動與眼

皮動作。此外，常見的還有「凝望星空眼神」（glazed look）或是一個散焦的「催眠凝視（眼神渙散）」，眨眼減少，與情緒或是眼睛疲勞無關的自動流淚。

我在當實習生時，我真正催眠成功的第一個個案是個很僵硬的軍人。在催眠過程裡，眼淚流過他的臉頰，只有一隻眼睛流淚，他當時很放鬆，也沒有任何情緒出現。我被這個「意外」的反應搞糊塗了。個案自己也感到困惑。之後我才瞭解，在催眠引導過程裡，眼淚，甚至是單邊流淚，可以自動發生。

（八）有方向感的動作減少

在清醒狀態時，人會動來動去，調整姿勢，摸摸自己的臉，甚至有許多無意識的動作。這些動作讓我們對外在世界有一個方向感，幫助穩定意識狀態。然而，在催眠裡，這些方向感的動作減少或是消失了，而個案的意識心智不見得會注意到這個改變。或許這個方向感的消失可以幫助個案確認他在催眠裡，因為有些無法被理解的事情發生了。

（九）重複動作

個案在催眠裡可以產生不尋常地重複動作。譬如，對回答問題的直接身體反應，個案可能長時間一直點頭，就好像一旦開始這個動作就停不下來了。

（十）不對稱行為

當個案進入催眠裡，兩側的身體姿勢可能明顯不同。譬如可能

是一邊的臉部更加放鬆；可能有不對稱的手指動作，一邊的臉部抽動，另一邊不動等等。身體行為可以在某一邊更加明顯有變化。

（十一）身體周遭循環系統改變

在催眠引導時，個案可能呈現局部皮膚顏色改變。有些個案對於直接催眠暗示會產生反應，改變身體周遭循環系統（Maslach, Marshall, & Zimbardo, 1972）。身體循環系統改變也可能自動發生。臉部或是脖子可能變紅或是變蒼白。

（十二）肌肉不自主抽動

當我們發展催眠狀態時，在皮膚底下可能會有一些「像小老鼠般」的肌肉抽動頻繁地自動發生（Overlade, 1976）。

（十三）增進互動關係與催眠反應

在催眠裡，可能發生更好的互動關係與催眠反應。艾瑞克森醫師指出（Erickson, Rossi & Rossi, 1976），對於明顯的指令有反應，並不是催眠狀態的必然定律。然而，當個案對細微線索有反應，那個效果會更好，整體催眠反應和互動關係會更好。

（十四）增加意動行為

意動行為（ideodynamic behavior）是由意念動作及意念感受組成，這兩者在催眠狀態裡會變得更深刻。意念動作很像是自動「啟動」行為。一個非催眠的例子是，當一個父親下意識地張開自己的嘴，目的是要小嬰兒張開嘴。父親的想法以及專注力，下意識地影

響他自己的行為。

意念感受則是一個想法自動連結到「感受」。譬如回想起一個尷尬時刻，會引起臉紅。

治療師可以觀察這些個案自己不會覺察到的意動行為。譬如治療師做一個傳統催眠，要個案想像正在走下樓梯，被催眠的個案可能不自覺地頭向下低，一點一點動著，就好像他正在走下樓梯，頭會晃動一樣。如果個案在內心裡想像參與在聆聽交響樂，個案的腳可能不自覺地打拍子。

（十五）撲克臉（面無表情）

個案在催眠裡常常出現面無表情，像面具般的臉部表情。

（十六）催眠邏輯

催眠邏輯是一種替代思考過程，這會讓一些奇怪的想法可以在催眠狀態裡和平共存，而當人清醒時，會對這些奇怪想法有很多批判。被催眠的個案他會暫停這些批判思考。馬丁・歐恩（Martin Orne）在 1959 年發表一篇文章提到催眠邏輯，（《病態與社會心理學期刊》〔*Journal of Abnormal and Social Psychology*〕，〈催眠的本質：表面與精髓〉〔The Nature of Hypnosis: Artifact and Essence〕）。歐恩提到一種情況，他催眠個案，暗示要讓坐在個案對面的人變得透明。而個案反饋說，他知道那個人在椅子上，他可以看見對面坐在椅子上的人，但同時也可以看見那整張椅子。對個案而言，這個不合邏輯的情況完全沒問題。

（十七）身體方向感改變

當一些人體驗催眠後，他們會說身體方向感改變了。手腳感覺怪怪的；身體的大小比例也不太一樣；身體有些扭曲的感覺，或是感覺頭腦還沒回來。

（十八）鋸齒般動作

鋸齒般動作，是一種不順暢、間斷性移動，通常發生在手和腳上面。譬如，當我們催眠個案產生手臂漂浮時，這個向上移動的動作會是間斷性、不規則移動、像機械人一樣的。

（十九）僵直

僵直指的是肢體某部分像是蠟像一樣不動。可能是肌肉僵硬，或是手腳固定在一個姿勢太久。比如，當催眠師要去移動個案的手臂時，感覺個案手臂動也不動，這就是僵直。

（二十）聲音品質改變

個案在催眠裡，通常說話會很簡短。說話聲音會改變，通常是沒有抑揚頓挫，像機器人一樣。

（二十一）非自主動作改變

非自主動作可能發生。比如，我看過個案在進入催眠時全身顫抖。一旦我看到這種催眠現象，我會致力誘發這個現象，讓個案更深刻體驗顫抖，在催眠結束後才進行「順勢運用」。其他非自主動

作包括嘆氣和肌肉抽動。

進一步運用催眠組成元素

催眠治療師應該在催眠裡辨認出以上二十一種催眠元素的任何一種，鼓勵個案深入這些現象，因為這會幫助個案準備好進入下個階段——順勢而為階段。我們有三種方式來運用這些催眠組成元素：（一）把它們當成催眠引導的目標，治療師幫助個案去誘發個案的催眠組成元素；（二）用來確認個案在催眠裡；（三）作為一個訊號，告訴治療師催眠引導已經結束，可以進入下個階段（順勢而為階段）。

這些催眠行為可以被看成是一個重要訊號，不僅僅只是內心的一些現象。有時候，當個案呈現催眠行為，像是快速動眼，或是重複行為，這是個案給我們的訊息，個案已經準備好進入更深催眠，治療師可以開始做順勢運用的治療過程了。

這些催眠行為是一種工具，用來確認催眠，「確認」對於催眠引導階段很重要。確認那些個案沒注意到的催眠行為，會增加個案配合度，也會增加個案的催眠反應和催眠體驗。在第十二章，我們會用 ARE 模式來討論「確認」技巧。我們可以說，確認技巧會增加催眠的深度體驗。

順勢運用催眠現象

以下的解釋可以讓大家進一步瞭解，為什麼運用催眠引導原則比使用固定不變的技巧更好。如果治療師想要誘發以下這五種催

眠反應（改變覺察、改變強度、非自主體驗、非自主反應、定義情境為催眠），最好是自由地運用催眠原則，而不是使用既定催眠腳本。透過自由運用原則，治療師可以聚焦在個案的反應上，並隨時調整催眠技巧，用來達成最好催眠效果。然後，催眠引導就成為一種工具，用來促進這五種催眠反應的出現。再次強調，催眠治療師就像是一面鏡子，反饋著個案的反應，讓個案體驗到催眠現象。

在催眠引導裡，治療師可以在表面上或是「社交」層面上選擇一個主題討論，而同時在「心理」層面上加入主觀的催眠現象引導語。接著，治療師看情況發展其他主觀面向。我們用一個圖表來解釋：

表 10-3　催眠引導的社交層面與心理層面

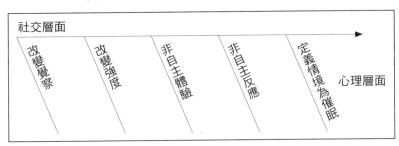

讓我們用一個假設例子來說明這個過程：在社交層面，治療師可能討論學習騎自行車。（社交層面的主題最好是跟治療目標；而不是隨便挑選。）在心理層次上，治療師暗示催眠現象。以下就是假設例子：

當你閉上眼睛，聽我說話……用一種特別方式……你可以體驗到很多有趣的事：新觀點……感覺舒服……生動回憶。

（個案閉上眼睛，這表示個案願意進入催眠情境裡。）

比如，你以前有過騎自行車的經驗。那是關於你……不費力氣地建立一種身體的平衡。一開始這看起很困難，一段時間後……你舒服地坐著……感覺到溫暖的空氣，自由地從現在這裡旅行到一個新的地方。

治療師提供個案改變覺察的機會，並注意個案的反應。譬如，如果個案看起來是配合的，重複的點頭，那治療師就繼續進行這催眠。如果個案的行為看起來有阻抗，治療師可以順勢運用這個阻抗，改變主題，強調其他可能性，變得更加間接溝通等等。然後繼續……

而你的能力發展……在騎自行車上……有更多的平衡感，清新視野，這些動作感覺毫不費力氣。

這是如此愉悅，如此舒服，你可以享受自由地進入新的地方，更進一步地瞭解到，你的平衡感進步了，當你感到更平衡，你可以輕鬆地繼續前進……你甚至沒注意到時間過去了。你沒發現，自己是這麼舒服地坐著……

治療師提供一個機會增加個案的注意力與改變強度。

因為當你繼續前進……到達那裡……你可能突然一瞬間發現，

你沒有繼續在踩自行車⋯⋯在自行車上⋯⋯達到你的目標⋯⋯相反地，你進到一個回憶，探索著⋯⋯這麼美好⋯⋯這麼愉悅⋯⋯而現在時間變得如此⋯⋯或許有其他人跟你一起在這段旅程上⋯⋯在自行車上⋯⋯現在誰跟你在一起享受？

治療師暗示個案產生心理解離體驗，就像是自動出現的回憶，或是自動出現的想像玩伴。我們也可以運用其他催眠現象，像是時間扭曲。

你可以⋯⋯移動你的腳⋯⋯妳的手也可能移動⋯⋯引導你的道路⋯⋯你可以⋯⋯向上看⋯⋯看到道路⋯⋯

治療師提供線索，用來創造明顯的行為反應——手，腳，或是頭，譬如個案會因為這些間接暗示而體驗到非自主的行為改變。當然，與個案對話並依據情況而調整催眠技巧，這很重要。然後，治療師可以繼續自行車的隱喻，以發展催眠反應，或者進入確認階段，運用催眠組成元素。例如「當我繼續說話時，你的眨眼速度改變了；妳的脈搏速度改變了等等。」

透過在社交層面及心理層面之間移動，治療師把催眠引導帶進到個案正在發生的行為上。治療師暗示一些可能性，個案就可以自己發展出催眠現象。同時，催眠師也可以運用那十個催眠引導原則，引導到我們想要的催眠現象。治療師可以進一步量身訂做催眠引導，使用進階催眠技術，在催眠引導裡加入多層次溝通，讓催眠效果更好。

催眠深度

在傳統催眠裡，在催眠引導之後，催眠師會進行一段時間的「深化」催眠。在艾瑞克森學派裡，我們不看重深度催眠。艾瑞克森醫師晚年對於深度催眠沒興趣，相反地，更強調提供細微線索，誘發催眠反應。

當我們創造出改變覺察、改變強度、解離，以及非自主體驗時，催眠深度自然地發生。當個案發展出這些反應，催眠引導的體驗變得更深刻，帶領個案進入「更深」的催眠。當個案對細微線索的反應更增加了，伴隨催眠元素組成的改變，他就自然進入更深催眠。運用多層次溝通，傳統催眠裡的兩個不同階段——催眠引導階段和深化階段，可以整合成一個階段。

還有另一個我們不強調催眠深度的原因。個案通常會有一個迷思，如果催眠不夠深入，就沒有效果。然而，催眠深度不見得跟催眠治療的成效有關。對於大多數問題，我們只需要做淺度催眠就行，治療師做剛好足夠的催眠，幫助個案找到他自己內在的資源。

艾瑞克森醫師確實做過一些具體深化技巧。譬如，有時他會用一種「分段催眠」（fractionation）的技巧，這過程會先來個催眠，然後把個案喚醒。跟個案短暫談話之後，艾瑞克森醫師再做另一個催眠，再把個案喚醒，然後再次催眠……。這個過程重複好幾次。

在建立催眠引導時，艾瑞克森醫師可能運用分段催眠來幫助個案建立一個催眠參考標準。在過程中，他會溫柔地鼓勵個案學習關於自身催眠的潛在能力。

分段催眠會產生深度催眠的效果（Vogt, 1896, as quoted in

Kroger, 1977），但同時，它也可以建立催眠參考標準。我們想像一下分段催眠的過程：隨著時間過去，個案「進入得更深」。在每一個分段催眠的體驗裡，個案逐漸建立他自己的催眠參考標準，個案會鞏固一個想法，「這是催眠；這是清醒」。這種建立催眠參考標準的做法對於初次體驗催眠的人特別有效，他們學會觀察自己的催眠狀態和清醒狀態。

建立這樣的催眠參考標準還有一個好處——治療師用此來增強個案接受催眠的能力，而不是照本宣科地把個案分類為：好個案／普通個案／壞個案。我們聚焦在個案的獨特催眠反應，而不是參考可被催眠能力量表來分類個案。聚焦在個案獨特的催眠反應有治療上的好處，而聚焦在個案是否能被催眠的測試量表和數據，這個只適合用在學術研究。

在誘發催眠引導並建立催眠參考標準後，艾瑞克森學派治療師可以專注在發展催眠現象，而不是一味追求催眠深度。傳統催眠裡，催眠現象可以運用在兩個部分。在催眠引導前期，它們用在可被催眠測試量表評估上，也是催眠引導的工具。在催眠深化階段，它們用來說服個案放下大腦的控制。相反地，艾瑞克森學派不使用可被催眠測試量表。在催眠引導裡，我們運用催眠現象來誘發非自主行為。甚至，它們可能變成治療的主要資源來源。

▌把催眠現象當做資源

如同前面所說，傳統催眠現象是各自獨立的心靈體驗。以下是回顧：

（一）傳統催眠現象

   1. 幻覺：正向／負相

   2. 麻醉以及麻痺

   3. 失憶

   4. 增強記憶

   5. 年齡回溯

   6. 時間扭曲

   7. 解離

   8. 自動化行為

   9. 意動行為

  10. 催眠後暗示

（二）催眠治療基礎三步驟

   1. 誘發催眠狀態

   2. 找到個案能夠做到的催眠現象

   3. 把催眠現象作為資源使用。

催眠治療的指標

儘管這本書是關於催眠引導，我們還是可以稍微講一下催眠治療。催眠現象是很強大的資源。對於新手催眠治療師，一個重要的原則是，個案自己體驗到的催眠現象就是最有價值的資源。要解釋一下這個概念，讓我們來看一個疼痛管理的案例。

在一個疼痛個案身上誘發催眠狀態後，治療師可以聚焦在誘發催眠現象，從中找到個案最有感覺的。這個看似簡單的任務，可能需要花上幾次治療時間。就好像挖礦找資源一樣，治療師提供一些機會讓個案體驗催眠現象。個案所體驗到最深刻的催眠現象，通常療效最好。如果個案對於正向幻覺最有感受，那個案就能夠「幻想」一個舒服的畫面，或是在疼痛地方幻想一個愉悅感受。如果個案最有感覺的是「負向幻覺」，個案可以把「空無一物的洞穴」放在疼痛的地方。催眠裡的麻醉效果可以直接用來減輕疼痛。催眠裡的麻痺效果可以直接消除痛覺。失憶可以用來忘記疼痛的部分。增強記憶或是角色回溯可以讓個案回到疼痛開始之前的感覺。時間扭曲可以用來增加舒服的時間，減少疼痛的時間。個案可以從疼痛裡解離出來，把疼痛移動到身體其他地方，甚至移出身體之外。甚至，運用心理解離，個案可以從身體裡完全解離出來，體驗到自己存在另一個地方。自動書寫和自動繪畫可以用來「畫出」一個舒服的計畫。透過說故事和間接技巧產生的意動效果，可以建立舒服的聯想。可以在催眠後給個案細微線索，暗示個案有一段舒服時期。簡單來說，我們創造出來的催眠現象是一個資源，一個解答，可以直接或間接運用在個案身上，依據個案的需求而定。

對於新手催眠治療師，將催眠現象的發展最大化，在早期催眠治療運用上非常有幫助。當治療師變得更有經驗，包括能快速發現這些現象並誘發它們，這時就要學會催眠的靈活性來增加催眠治療的最好效果。催眠靈活性相對於各自獨立的催眠現象，會有更好療效。

催眠靈活性

雖然艾瑞克森醫師從未使用催眠靈活性這個想法，我相信他也會接受這個觀點。

催眠靈活性是暫時建立一個新的心理以及／或生理模式。個案有能力去刪除，扭曲，或是創造體驗。我們習慣認為我們的回憶，感覺，感受以及自主行為都是固定不變的，事實上，它們都是流動的。如果我們從另一個角度來看那十個傳統催眠現象，我們可以發現它們分屬四個主要領域。[2]

表 10-4　傳統催眠的靈活性

傳統催眠現象	靈活性領域
第一群 幻覺、麻醉／麻痺	第一區 感官知覺
第二群 失憶、增強記憶、年齡回溯	第二區 記憶
第三群 時間扭曲	第三區 時間
第四群 自動化行為、意動行為、催眠後行為	第四區 非自主行為

讓我們更進一步考量這四個催眠靈活性領域。

---

2 催眠現象也可以根據三個條件來分類：一個經驗透過創造，扭曲，或是刪除來修正調整。（Zeig, 1985）

（一）感官知覺的靈活性

人類的感官知覺可以做以下分類：視覺、聽覺、味覺、嗅覺、皮膚感覺（觸碰、疼痛、溫暖和寒冷等）、動態感覺，以及平衡感。動態感覺告訴我們身體各部分之間的關聯動作，肌肉、肌腱以及關節彼此之間的連結，也包括了身體感受外在環境的存在。身體在空間裡的方向感、平衡感，則是由半規管以及前庭囊來決定的。

我們思考一下催眠現象，傳統催眠師通常會簡單地做正向幻覺或是負向幻覺，也只運用兩種感官，譬如正向視覺幻覺，或是負向視覺幻覺，以及正向聽覺幻覺，或是負向聽覺幻覺。然而，我們從艾瑞克森學派催眠師的靈活性角度來思考，就會有感官知覺上的連續光譜可以運用，從創造體驗，到修正體驗，到刪除體驗。還有更多的可能性。以下圖表幫助我們瞭解。治療師可以把靈活性看成是一個連續的過程。

表 10-5　感官知覺靈活性

	創造	修正	刪除
視覺			
聽覺			
嗅覺			
味覺			
皮膚感覺			
動態感覺			
平衡感			

關於感官知覺，有些人可以輕易地改變他們的視覺感受。這些人可能會體驗強烈正向以及／或負向視覺幻覺。其他人在某種程度上可以扭曲他們的視覺感受。有些人能夠創造視覺體驗，而另一些人可以刪除視覺體驗。有些人可以製造短暫的視覺改變，譬如有些被催眠的個案可以看見畫面，一朵玫瑰花從他們前方的桌子上長出來。其他人可以看著桌子的設計圖案，把它扭曲成一朵玫瑰花。有些人會有桌子的負向幻覺（沒看見桌子），獲創造部分負向幻覺，譬如桌子的某些顏色消失了。有些個案同時有正向視覺幻覺以及負向視覺幻覺，而其他人可能只有其中一種幻覺。同樣的原則適用在其他感官知覺上。身體僵直可以看成是動態感覺的修正。我們思考「催眠靈活性」，我們可以幫被催眠的個案畫出「靈活性地圖」。這就會增加許多可能性。催眠治療師可以在不同的感官知覺系統上工作，這比起傳統催眠師就更加靈活，譬如，在動態感覺和平衡感上面誘發改變。

（二）記憶功能的靈活性

　　記憶功能的改變可以是在一個連續光譜上的創造、扭曲或刪除，包括從失憶，增強記憶，一直到年齡回溯。

回憶

創造　　修正　　刪除

年齡回溯 ——— 增強記憶 ——— 失憶

　　有些人能夠體驗到很有說服力的失憶。其他人可能體驗到部分

失憶以及／或對於來源失憶（Kihlstrom & Evans, 1979），無法回想起事件的起源。體驗失憶的能力和體驗增強記憶的能力無關；一個人能夠體驗到失憶，不表示她可以體驗到增強記憶。然而，能夠體驗到年齡回溯的個案，比如：這麼沉浸在回憶裡，好像真的重新體驗一次，通常可以體驗到增強記憶。

（三）時間感受的靈活性

我們可以誘發時間扭曲，這個連續光譜包括從時間收縮到時間延伸兩個端點。

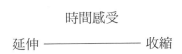

時間感受

延伸 ——————— 收縮

被催眠的個案通常可以透過對當下時間感知增長或縮短感紹來扭曲時間（Cooper & Erickson, 1959）有些人可能更擅長延伸時間，而不是收縮，通常能夠做到一邊就能做到另一邊。

（四）改變非自主行為體驗

跟傳統催眠現象有關的非自主行為包括解離、意動行為、自動化行為（包括自動書寫以及自動繪畫），以及催眠後暗示。

在催眠靈活性上，這些行為都能夠透過更多或更少自主性發生。我們把催眠行為放在連續光譜上，從自主行為到非自主行為，自主行為在光譜上的多少是由個案所花費大腦精力的多少而決定。譬如手臂漂浮可以是全然解離，從無意識產生的行為，也可以是大

腦意識去執行，或是介於兩者之間。同樣原則適用在催眠後暗示和
意動行為上。

自主行為

自主（大腦）——————————非自主（潛意識）

▎其他考量

在催眠裡，我們也可以改變其他人類行為，包括想法、情緒、
行為、態度、動機，甚至關係模式。然而，我們不會把這些改變稱
為催眠現象。類似地，在催眠裡會產生生理改變，像是血流速度改
變，在傳統催眠裡，生理改變被排除在外，不算催眠現象。

▎催眠裡的靈活性

靈活運用對催眠來說很重要。事實上我們可以說，對催眠有天
賦的人通常可以展現心理、生理、社交功能上的靈活性。艾瑞克森
學派治療師致力探索個案的潛能，以達到靈活性的目標，譬如個案
是否能夠創造新的視覺畫面，改變現存的視覺感受，或是刪除視覺
體驗。治療師可以探索這些感官知覺的領域。這樣做的好處是，這
讓治療師找到靈活運用催眠的方法。每一個人改變體驗的能力都不
一樣。有些人有非常大的靈活性，而另一些人幾乎沒有。大部分人
落在中間的範圍。在傳統催眠裡，他們把催眠現象看成是全有或全
無——個案不是可以創造視覺幻覺，就是無法創造視覺幻覺。

我們要注意，靈活性的範圍是會變動的。有時候不同分類會有
重疊。例如，身體僵直可以看成是自主行為的改變，但也可以看成

是動態感覺的靈活性展現。麻醉效果可以看成是幻覺體驗，或是皮膚感覺的扭曲。可以用幻想「沒有感覺」來誘發麻醉，也可以用刪除皮膚感覺來誘發麻醉。麻醉可以是一種關於皮膚感覺或是動態感覺的負向幻覺。麻醉也可以想像成「消失的」肢體來誘發，或是無法體驗到任何皮膚感受來誘發。

進一步說，當治療師聚焦在催眠靈活性，他們其實只是聚焦在人類本能的身體感受，製造一種扭曲感受。關於感覺與感受的研究指出，我們可以在任何一種感官知覺上創造幻覺。我們的感官系統有很大彈性，譬如當一個線圈泡在冷水裡，另一個線圈泡在溫水裡，一個人去觸碰這兩個線圈，就會感覺到灼熱、燙傷的感受。又譬如平衡感，也是可以扭曲的，例如飛機逐漸增加飛行速度時，一個蒙眼的乘客可能會「感覺」飛機正在爬升，如果飛機逐漸降低速度，此人可能感覺飛機正在下降。我們的視覺感官也會產生許多扭曲現象，眼睛的盲點（the blind spot at the fovea）以及錯覺現象（phi phenomena）就是兩個例子。國際上眼盲相關期刊的論文（Chabris & Simons, 2009）指出這個現象的普遍本質。

然而，大多數人並不知道自己可以有更大靈活性。催眠體驗創造一個情境，讓個案體驗到自己的潛力以及更大的靈活性。進一步說，催眠現象和催眠靈活性是超出正常感官知覺和行為之外的。雖然一般人無法發現這些靈活性，但透過催眠，這些「正常」行為可以被運用來達成特定目標。

既然催眠靈活性是一個連續光譜體驗，而不是一個具體的、「全有或全無」的反應，每一個個案應該都可以成功誘發一些催眠現象。與其去診斷個案是否可以產生視覺幻覺，治療師要探索的，

是個案可以達到哪種程度的視覺扭曲。因此，治療師可以透過描繪個案的「靈活性地圖」，來配合其被催眠風格，如此一來，所找到的催眠靈活性，就可以用來達成催眠或是治療的目標。

治療

不像傳統治療，艾瑞克森醫師在第一時間見到個案時就開始做治療，而不是把治療放在某個特定的催眠階段。艾瑞克森醫師在作催眠引導時，也同時在做治療；在深化催眠時也在做治療；在結束時也在做治療。治療並不侷限於催眠引導之後才發生。艾瑞克森醫師致力於讓整個治療過程都發揮最大治療效果，持續在催眠目標上工作，像是誘發催眠現象，或是達成治療目標。要去探究艾瑞克森醫師的治療方法，已經超越了本書範圍。我們可以簡單說，艾瑞克森經常用間接方式來作禮物包裝，像是說故事、誘發潛在資源、建立催眠參考體驗等，這會強化「狀態」和身分的改變。

有一個關於參考經驗的補充說明。參考經驗會不著痕跡地創造我們的身分。我們都有一些參考經驗讓我們自己知道自己是有效的、聰明的、美麗的以及有創造力的。另外，也有一些參考經驗會告訴我們，自己是無能的、愚笨的、醜陋的以及／或是枯燥乏味的。治療，就是創造並強化好的參考經驗。

結束期

艾瑞克森醫師有個獨特方式來結束催眠。我從未看過他給個

案做傳統催眠做法：「我將從一數到五，當我數數時，你會清醒過來，感覺放鬆舒服。」相反地，艾瑞克森醫師會給一些暗示，像是：「作一個或兩個或三個深呼吸，喚醒你自己，全然醒覺，並完全清醒過來。」

透過給個案一個選擇（一個或兩個或三個深呼吸），他在鼓勵個案的大腦開始參與做決定，這跟催眠相反，催眠強調非自主行為。接著，他會很快進入大腦意識的談話裡，或許說一個愉快的「嗨」，讓個案開始參與對話。文化上的習慣是，個案會不自覺地說「嗨」來回應艾瑞克森。也有可能艾瑞森用一個身體語言來暗示個案催眠已經結束了。或許他會改變說話聲音，變得更加輕快。個案會對這個細微線索作出反應。

艾瑞克森醫師經常使用「別出心裁」的結束策略。不同於把結束期當成只是結束催眠的一個儀式，他會運用結束期來繼續加強治療效果。有時候他會在結束期間接誘發失憶，把暗示隱藏起來不讓大腦意識知道，讓這些暗示就留在無意識裡（Zeig, 1985）。艾瑞克森醫師也可能在結束期之後，立刻講一個療癒的故事來延續治療效果。或者，他會把結束期當成一個機會，提供另一個出奇不意的催眠引導，讓個案再次進入催眠裡。譬如，在讓個案恢復清醒後，他會突然抬起個案的手，再次誘發身體僵直。這種出奇不意的催眠引導會讓個案體驗到更大的催眠潛力，因為在結束時期，個案是最沒有防備心的。

有時，艾瑞克森醫師只會讓個案的一部分離開催眠，恢復清醒。他可能把個案的大腦心智帶出催眠，但讓個案的身體留在催眠狀態裡。艾瑞克森醫師會接著用說故事來繼續治療過程，並且提升

個案從催眠裡學習的能力。（參見《跟大師學催眠：米爾頓艾瑞克森治療實錄》）

在結束期要做的事情，基本上跟傳統催眠是一樣的：重新建立與意識的連結，讓意識重新掌控，並進行確認的作。然而，在艾瑞克森學派裡，這個過程是根據個案以及治療目標而量身定做的。

總結來說，艾瑞克森學派運用一些傳統催眠的方法，也放棄了傳統催眠某些做法。艾瑞克森學派治療師依據十個催眠引導原則來進行，誘發一系列稱之為催眠組成元素的行為。艾瑞克森學派的催眠引導以及催眠治療的基本元素分別是：發展個案隱藏的催眠反應，誘發並運用個案內在資源。催眠現象本身就是資源，具有主觀靈活性特質。

比起任何其他催眠治療師，艾瑞克森醫師多出來的一個原則是，貫徹以個案為中心的催眠。對他來說，主要目標就是達成個案所想要的效果。如果個案想要做傳統催眠，艾瑞克森醫師會樂意配合。如果無效，他還有許多其他方法隨時可以派上用場。

艾瑞克森醫師最卓越的天賦之一，就是運用多層次溝通來誘發個案「狀態」改變。要達成這個目標，經常要使用的工具是催眠語言。一個喚醒式溝通對於誘發「狀態」是必要的。

第十一章

催眠語言：
蘊含可能性的禮物包裝微觀動力學

　　本章將討論透過獨特的喚醒式語言模式，探討一種達到催眠目標的禮物包裝微觀動力學。這些語言模式包括：自明之理（truisms）、假設前提（presuppositions）、嵌入命令（embedded commands）、附加問句（tag questions）、是的套組（yes sets）、引述（quotes）、會話性假定（conversational postulates）、隱含原因（implied causatives）、解離陳述（dissociation statements）以及雙重解離陳述（double dissociation statements）。要進一步引發催眠現象，這些多層次命令溝通模式是必要的。它們引導導向一個現象學的目標，而非提供直接的指令，因此促進了隱含的反應性。另外，本章也會提及一個三階段的序列暗示步驟：設立、介入以及跟進（SIFT, set up; intervene; follow through）。

　　治療的本質，就是一種不尋常的對話。它的方法是不尋常的：躺在沙發椅上，想到什麼就說什麼；對著空椅子說話；對著某個同理到癡迷的人談論你的衝突——所有這一切都是不尋常的。但是這些不尋常有一個目的，即帶來喚醒式的衝擊。

　　在這個隱喻中，你會遇到的一些語言模式本身就非常不尋常。但整體來說，這些模式創造的衝擊可以引領人們改變他們的「狀

態」。如果把電影或詩的元素解構，會發現它們是很奇特的，但它們的協同作用卻可以是很深刻的。

　　就如同寫詩的時候，詩人需要使用押韻、韻頭與隱喻等不尋常的語言模式作表達，催眠師也使用特殊的模式作溝通。如果目標是影響情緒或「狀態」，特殊的語言模式是可行的方法。催眠語言是詩的語言，就是設計用來喚醒的。

　　藉由使用特殊的語言模式，臨床治療師能促進全神的貫注、強度的改變、隱含的反應性、解離的發生，以及修改意識，將情境定義為催眠。雖然這些語言模式在催眠時特別有用，但它們也可以用於非催眠的心理治療，因為它們是影響溝通的有力模式。

　　治療目標可以在間接暗示中被禮物包裝起來。例如，如果治療師心中有個對病人有益的目標：建議他放慢吃東西的速度，治療師可以將目標禮物包裝在一個間接的溝通模式中：「這可能會很有趣，去探索吃東西時放慢速度，是一種愉悅的體驗，可以讓你更能夠享受每一口的味道。」

　　間接溝通模式是社交影響的有力工具，然而一定要記得，是病人活化了這個行動。治療師只是使用催眠語言，讓病人連結情緒、心智、社會以及生理的可能性（Lankton & Lankton, 1983）。

　　一旦治療師瞭解整體引導結構（ARE 的方法，將在下一章說明），治療師可以在基本結構中，加入促進現象學引導目標的方法。催眠語言就是這樣的方法之一。

　　艾瑞克森醫師發明了本章描述的語言模式，但他並未將它們分類。他的學生研究他的工作，將他的方法以巨觀動力學與微觀動力學方式分類，並依照個人偏好予以命名。艾瑞克森醫師是偏向實務

而非教導式的人。他不會思考要採用哪個技巧；他會思考病人當下的狀態，以及期待的目標結果。技巧只是引導導向目標的副產品。

本章討論的間接暗示模式，是某些更大的禮物包裝模式的基石。那些巨觀動力學模式包括：軼事、隱喻以及散佈技巧。因為間接模式作為治療歷程的基石，它們可以被視為帶有各種可能性的禮物包裝微觀動力學。

催眠語言主要包含口語技巧。但是，口語技巧不可能和它們所處的溝通生態架構分開，這個架構包含口語、非口語以及並行口語（paraverbal）元素。舉例來說，這個句子：「我不曾說他偷錢。」可以藉由強調不同的字詞，衍生出六種不同的意思。「**我**不曾說他偷錢」、「我**不曾**說他偷錢」、「我不曾**說**他偷錢」等。

艾瑞克森醫師是口語及非口語元素的大師，他探索如何運用它們來幫助病人增強自我。要適當地探究非口語與並行口語方法如何運用在催眠以及心理治療中，大概需要一本百科全書。因為非口語及並行口語元素常常定義了口語訊息的意義，所以當使用構成催眠語言的模式時，必須牢記這些元素。為了提醒讀者使用非口語與並行口語溝通的固有可能性，我們首先聚焦在一個元素，正向期待（positive expectations）。

正向期待

在發出聲音之前，關係的品質甚至已經受到治療師期待的影響，透過韻律、手勢、表情、姿勢以及距離等非口語行為傳達出溝通。治療師對於病人達到催眠以及後續治療目標能力的態度，對病

人有強烈的影響。即使最複雜、精細的口語暗示，都有可能被治療師不一致的態度摧毀。如果治療師對一個催眠中的病人做出幻覺的暗示：「你可以看到地板上長出一朵玫瑰花，」這個暗示的效力，仰賴治療師相信病人能夠完成此幻覺的治療性信念。

過去有個實驗，證明了無意識傳達預期態度的力量；可惜我找不到原始的參考文獻。一名參與實驗的研究生，被研究者要求進入一個房間，裡面有兩位大學生。研究生得到的指令是，給其中一位大學生一角硬幣，給另一個大學生一塊錢，大學生可以保留下他們收到的錢。研究生事先並未被告知哪位大學生會得到一角，哪位大學生得到一塊錢。然而研究生不知道的是，在實驗之前，研究人員分別祕密地會見了兩名大學生。其中一位被偷偷告知她將會得到一角，另一位是一塊錢。在實驗的過程，即使對整件事沒有明確的言語交流，大學生對於她們可以得到什麼的態度，被含蓄地傳達給研究生。研究生受到她們期待的影響（Zeig, 1982, p. 262）。

艾瑞克森醫師對催眠的學生做了一次類似的實地考察。他將學生分成兩組，要求他們各自與他一名受過訓練的催眠受試者工作。他分別給各組下指令，兩組都不知道另一組的指令。其中一組被告知，受試者是很棒的催眠對象，但無法產生正性幻覺。另一組則被告知，受試者是很棒的催眠對象，但無法產生失憶。兩組必須各自與受試者工作，以評估受試者達成催眠現象的能力。接著，兩組合在一起報告他們的獨立發現。對於達成正性幻覺不抱期待的組別，無法引發正性幻覺。對失憶不抱期待的那組，同樣地無法得到失憶。受試者無法說明她無法在不同組達成目標現象的原因；事實上，兩種現象她都有能力做到。

艾瑞克森醫師對病人和學生具有非凡的一致性。他知道他們可以進入催眠。他知道他們可以達成催眠現象。他知道他們可以改變。他知道他們可以良好地因應。

　　正向期待，策略性地非口語溝通，只是催眠治療師使用的眾多非口語及並行口語方法之一。在心中維持這個非口語的脈絡，讓我們進入口語的溝通。

直接與間接溝通

　　廣泛而言，口語治療訊息分為兩類：直接的與間接的。兩者都是與病人建立工作關係所不可或缺的。艾瑞克森醫師在他的工作中使用直接暗示。然而，他更為人所知的是高度精緻發展的間接暗示，他發現間接暗示是更有效的。很顯然地，治療一位心煩意亂的焦慮患者，提供「放鬆」的直接暗示是不太可能有效的。因此，艾瑞克森醫師發現，許多間接暗示之所以有效的最主要理由，是它們有能力繞過病人意識的阻抗（Erickson & Rossi, CPI, p.455）。

　　蘭克頓（Lanktons, 1983, p.159-160）支持這樣的評估，他們觀察到間接暗示可以達成以下描述：

（一）案主被允許展現獨特的反應和潛能。

（二）治療師借鑑案主過去的學習心理動力：聯結、比較、對照、檢驗一致性的能力。

（三）這些暗示傾向於繞過意識的批判。

因為間接暗示仰賴病人的個人詮釋，它們擔負起病人賦予它們的任何相關性，無論是將它們摒棄，或是接受它們成為有意義的訊息。

艾瑞克森與羅西（Erickson and Rossi, 1980）認為間接暗示最具意義的特徵如下：

（一）間接暗示允許受試者顯現個人特質、過去生命經驗、以及獨特的潛能；

（二）古典的學習心理動力歷程諸如：聯結、一致性、相似性、對照……等，多多少少都在較為無意識的層面進行，因此

（三）間接暗示傾向於繞過意識的批判，也因為這樣，可以比直接暗示更有效。（p.455）

艾瑞克森醫師比較喜歡間接暗示，因為暗示的力量常常作用在病人意識無法覺察的層面。再次強調的是，間接方法對於引導反應性的改變至關緊要。

間接暗示被視為引發受試者無意識搜尋，以及促進受試者無意識過程的一種方法；所以當受試者發現自身的反應時，通常會感到有些驚訝。然而，大多數的時候，受試者甚至沒有發現這些間接暗示，以及他們的行為是如何被這些間接暗示引發及部分塑造的。（Erickson and Rossi,1980, p.455）

間接暗示的元素

兩種語言模式組成了間接暗示的基本「粒子」。如同原子內的中子和質子，**自明之理**（truisms）與**假設前提**（presuppositions）構成了間接暗示的原子核，它們是其他更複雜間接暗示模式的基石，稍後都將會在本章討論。我們就從自明之理開始。

自明之理

自明之理是符合病人現實經驗的事實簡單陳述。「你正在讀這本書」是自明之理。「你正坐在椅子上」可能不是自明之理。「你可以坐在椅子上」在多數情況下是自明之理。艾瑞克森醫師常常使用關於心理生理過程以及心理機轉的自明之理，以激發病人生命經驗中源於聯結的意動反應（ideodynamic responses）與習得的經驗（Erickson & Rossi, 1980, p.457）。他提供了下面的例子：「即使沒有真正意識到，每個人都曾有點頭說：『是』或搖頭說：『不』的經驗。」

大致來說，自明之理有四種——同步（pacing）自明之理；注意力引導（attention guiding）自明之理；暗示性（suggestive）或指示性（directive）自明之理；以及象徵命令（symbolic injunctive）自明之理。這是同步自明之理的一個例子：「你正在閱讀這本書」，而自明之理「你可以聽到房間外面的聲音」將你的注意力引導到聲音。「你可以開啟使用自明之理的新道路」不只引導注意力，同時也是暗示性的。而我們很快就會看到：「你的雙腳踏在地板上」則是一個象徵命令自明之理。

自明之理可以用來達成一些目的：（一）與病人同步；（二）引導注意力；（三）提供暗示；（四）確認催眠發生；（五）作為象徵性命令；（六）嵌入命令；（七）創造一個「是的套組」。前五個目的是自明之理比較簡單的運用，在此先做介紹。而嵌入命令與「是的套組」是比較複雜的模式，將在本章稍後介紹。

（一）與病人的經驗同步

如同前面已經談到的，催眠治療（以及一般的心理治療）的通用過程是同步、中斷，與引發。治療師在病人的參考架構中與病人相遇，然後中斷習慣模式，進而激發生生不息的資源重組。

自明之理可以用來作為跟隨病人當下經驗或與之「同步」的初始步驟。有點像跳舞，治療師在帶領與跳出新的華爾滋之前，要先和病人舞步的節奏及踩位匹配。這類型的交會是溫和有禮的，因為治療師實際上展現了接受病人當下經驗的意願，以期能夠進入患者的個人心理世界。能夠與讀者同步的自明之理可能是：「你正閱讀這一頁」以及「你可以瞭解你所讀到的內容」。

（二）引導注意力

自明之理除了可以用來同步明顯的過程，也可以用來引導注意力。這個自明之理：「你可以經驗到你的身體如何被沙發支撐著」是一個事實的陳述，然而，它也引導你的注意力到你的身體。「你可以注意到你頭的位置」，則引導你的注意力到當下經驗不同的面向。

自明之理能引導注意力到行為與／或心理事件。「你可以注

意到呼吸的韻律」引導注意力到一個行為上，而「你可以開始注意
到內在舒服的感覺」引導注意力到一個內在「狀態」。要特別注意
的是，企圖同步的自明之理，與設計用來引導注意力的自明之理，
兩者使用的動形態式的差別。同步自明之理使用 Be 動詞的形態：
「你正在閱讀一本書。」許可性的助動詞如「可以」、「能夠」或
「也許」，則用在注意力引導的自明之理：「你可以注意到沙發的
支撐」或「你或許覺察到房間裡的聲音」。

（三）提供暗示

語言是如此的模稜兩可，以致於很難產生一個具體並且完全特
定的句子。幾乎總是有更深層的意義。以這個自明之理作為例子：
「你可以記得童年的一段快樂時光。」它是一個事實，因此是自明
之理；但它也是暗示性的，因為它刺激了記憶。目標反應並不因為
做了一個暗示，就意味會立即出現。訊息的接受者會依據當下環境
的規範做出個人獨特的反應。縱使如此，治療師最好還是策略性地
標定暗示性自明之理。在實施催眠治療時，策略性目標是一個現象
學的目標。例如：「你可以聚焦在內在舒服的感覺，」或：「你現
在可以回應我正在傳達對你有意義的事。」

不同的自明之理可以連結或鏈結在一起以獲得更大的效力。
如果一個治療師想要暗示手臂飄浮動作，他可以這麼說以增強暗
示：「你的手臂正在大腿上」（同步自明之理），「你可以注意到
移動的感覺」（注意力引導自明之理），「你可以意識到微小的移
動」（注意力引導自明之理），而「你可以經驗到你的手臂抬了起
來」（暗示性自明之理）。這個過程可以稱為序列性喚醒式溝通

（Sequenced Evocative Communication, SEC）。

（四）確認催眠

確認性自明之理是一種依賴脈絡的暗示性自明之理。使用自明之理來確認催眠是催眠治療與 ARE 模式（第十二章）中重要的一部分。自明之理，如同大多數語言表達一樣，包含超越表面層次的意義，因此，需要考慮在催眠引導中吸引階段之後呈現的確認性自明之理的含義。治療師可以如此開始確認：「當我和你談話一段時間，你的脈搏頻率改變了，你的呼吸速度改變了，你的身體動作改變了，你眨眼的速度不同了。」這一系列的自明之理確認了催眠，因為它確認了病人透過監測自己的行為而得到的資訊。同時也因為在催眠和吸引的脈絡，這些自明之理隱含著：「你已經不一樣了，你的行為改變了，你正在做反應，你正在做的反應是正確的，你正在展現催眠的反應。」如此一來，確認性自明之理就成為催眠過程中的一個整合成分。艾瑞克森醫師在晚年經常使用自明之理來確認催眠。請注意，Be 動詞常常被用來創造出確認性自明之理。這種 Be 動詞的使用是必要的，以在持續引導的脈絡中善用確認性自明之理的暗示本質。

（五）作為象徵性指令

暗示性自明之理善用了語言中蘊含的弦外之音本質。每個語言中的成語也因為溝通的多層次本質，具有暗示性的價值。我們來看看以下兩個自明之理（假設它們實際上是正確的）：「你的手是穩定的」、「你不再像平常一樣把東西完全吞下去」。這兩個自明之

理都有著象徵性／慣用性的意義。象徵性指令可以是豐富、肥沃的領域，能夠在病人聯結的努力下變得強而有力。下面的表格指出每一個象徵性指令自明之理的詮釋。

在下面的例子中，前面七個自明之理來自慣用語的意義；第六和第七個則暗指諺語。

表 11-1　象徵性自明之理

自明之理	象徵性意義
你的雙腳踩在地上。 (Your feet are on the floor.)	你正安全地紮根接地。
你的下巴堅固。 (Your jaw is set.)	你感覺意志堅定。
你正向前看。 (You are looking forward.)	你正朝向未來。
你的手很穩定。 (Your hands are steady.)	你是放鬆的。
你不再像平常一樣，把東西完全吞下去。 (You're not swallowing things wholly as you did before.)	你正在改變原有的偏見。
你全部的耳朵。 (You're all ears.)	你正仔細地聆聽。
你的頭在不同的位置。 (Your head is in a different place.)	你已經改變觀點。
你可以看到一把金鑰匙。 (You can visualize a golden key.)	一把金鑰匙可以打開任何一扇門。
你的手是冷的。 (Your hands are cold.)	你的心是熱的。

要使用象徵性自明之理，治療師需要事前做計劃、確認目標，然後讓病人與暗指目標的成語、姿勢或諺語產生連結。隨後，治療師可以創造出一個喚醒式自明之理。要強調的是，即使治療師可能發現創造指令性語言模式是一項有趣的挑戰，溝通仍不能單單由它的結構來判斷，只能由溝通對象的反應來判斷。

　　關於象徵性指令的最後一個但書：成語和諺語在不同的文化有不同的意義；在特定文化中甚至可能會有地區性的差異。治療師使用指令性自明之理時，必須對這些差異保持敏銳。

　　雖然某些非口語技巧並非自明之理，它們同樣建構在慣用的意義上。例如：治療師可以小心地將病人移動到具有慣用意義的位置上。如果治療師和病人談到承諾，治療師可以先要求病人把手放在胸口，這個動作在美國具有宣誓的意義。在某次示範中，艾瑞克森醫師移動病人的肢體成為一個較開放的姿勢，如此病人就可以比較開放地發展催眠經驗。再次強調，非口語與並行口語的技巧已經超出本書範圍，但因為某些讀者或許會發現這些技巧是有用的，所以我在這裡提及。

　　複習：自明之理是無可辯駁的事實陳述。例如：「你在這裡」是自明之理。「你已經進入催眠」不必然是自明之理。「你可以進入催眠」是自明之理，只要我們同意催眠是存在的。「你可以感覺快樂」是自明之理，只要我們同意快樂是存在的。「你可以對學習更多感到興趣」是自明之理。

　　我估計自明之理我的催眠引導中至少佔百分之五十。我用來促進催眠的第二大類別是：假設前提。

假設前提

假設前提，是將未明講的訊息視為理所當然的一種間接溝通模式。當我們把自明之理：「你可以放鬆」加入「享受」這個動詞後，就可以變成一個假設前提。例如：「你可以享受放鬆。」加入享受之後，就將放鬆預設為「事實」，並且將重點轉到案主是否能夠享受。這個主題的變化包括：「你可以對你放鬆的程度感到好奇」、「你可以探索放鬆」、「你可以發現放鬆是很有趣的經驗」等。一旦治療師心中有一個類似放鬆的目標，她可以用含有一個修飾語的自明之理來禮物包裝這個目標，如此就創造出一個假設前提。

三種在催眠治療中使用假設前提的基礎方法包括：在自明之理之前加入一個子句、加入一個助動詞，以及加入一個副詞。除此之外，假設前提也可以使用選擇的假象創造出來。也可以用複雜的假設前提。

（一）加入一個子句

在一個自明之理之前，加入一個子句，同時使用一個連接詞或關係副詞，便可以創造出假設前提。考量下面的步驟：

1. 決定要禮物包裝的策略性目標。
2. 創造一個包含該目標的自明之理。
3. 創造一個可以放在關係副詞或連接詞之前的子句。
4. 決定使用哪一個連接詞或關係副詞：何時（when）、何處（where）、如何（how）、多少（how much）。

這裡是一個簡單的例子：

1. 目標：閉上眼睛。
2. 自明之理：「你可以閉上眼睛。」
3. 前行子句：「我不知道……」
4. 連接詞：「何時」

那麼假設前提就會是：「我不知道何時你可以閉上眼睛。」閉上眼睛成為預設；這只是**何時**會發生的問題。

藉由變化連接詞或關係副詞就可能創造出時間的假設前提、位置的假設前提、歷程的假設前提，以及量／速度／持續時間的假設前提。也可以調整子句來產生變化。這裡是一些例子：

「我不知道**什麼時候**你可以經驗到內在的舒服。」（時間的假設前提）

「你不知道**什麼位置**你最能經驗到內在的舒服。」（位置的假設前提）

「你的意識不知道**如何**是你最能夠經驗到讓舒服變得更加**鮮明**的方法。」（過程的假設前提）

「你的意識不知道**多深／多快**你最能夠經驗到催眠的舒服。」（量／質／速度的假設前提）

不只可以用在催眠，假設前提也可以用在治療。舉例來說，或許可以對憂鬱的病人這麼說：「我不知道什麼時候你會變得更活

躍。」「你無法辨認出你的無意識能夠幫助你的所有方法。」

（二）使用助動詞

可以使用助動詞創造假設前提。步驟如下：

1. 決定想要禮物包裝的策略性目標。
2. 創造一個包含該目標的自明之理。
3. 加入一個助動詞。
4. 適當地調整句子。

這裡是一個簡單的例子：

1. 目標：閉上眼睛。
2. 自明之理：「你可以閉上眼睛。」
3. 助動詞：享受。
4. 適當地調整句子：使用動名詞「閉上」。

那麼假設前提就是：「你可以享受眼睛的閉上。」可能的變化：「你可以探索眼睛的閉上。」「你更能夠欣賞眼睛閉上的舒服催眠。」

（三）副詞

加上一個副詞，可以把自明之理變成假設前提。步驟如下：

1. 決定想要禮物包裝的策略性目標。

2. 創造一個包含該目標的自明之理。

3. 加入一個副詞。

4. 適當地調整句子。

這裡是一個簡單的例子：

1. 目標：閉上眼睛。

2. 自明之理：「你可以閉上眼睛。」

3. 副詞：慢慢地。

那麼假設前提就是：「你可以慢慢地閉上眼睛。」其他的說法包括：「你可以突然地閉上眼睛。」「你可以閉上眼睛毫不費力。」「你可以輕易地閉上眼睛。」

（四）選擇

有一種方法稱為「選擇的假象」，可以用來創造複雜的假設前提。較為基本的模式可以用在孩子的身上：「你想要現在或是下個廣告之後去睡覺？」暗示手臂飄浮時的催眠模式可以是：「你將抬起你的左手或是你的右手？」

（五）複雜假設前提

以一個自明之理為基礎出發，加入子句及副詞，創造出複雜假設前提。例如：

「你可以放鬆。」（自明之理）

「你知道你可以快速地放鬆嗎？」另一個選擇是：「你並不完全瞭解你可以快速地放鬆。」

使用假設前提和自明之理的各種不同模式，有著現象學的理由，將會在本章稍後討論；但是試圖將催眠及治療中使用這些語言模式的所有方法加以描述和分類是不可能的。這裡介紹的是常見形式的基本使用概述。

所有治療學派都或多或少使用假設前提。班德勒（Bandler）與葛蘭德（Grinder）（1975）描述了三十一種英語假設前提的語句結構。艾瑞克森醫師的催眠與心理治療中充滿了假設前提。當艾瑞克森學派治療師企圖引發催眠現象及改變「狀態」時，常常重度仰賴假設前提，特別是在催眠治療中。

一開始，建構假設前提可能會令人生畏。一旦了解到假設前提的目的之一，是藉由將目標隱形，以及自信地傳遞治療師全然接受病人達成目標的能力，以繞過病人的懷疑與不安，這項任務就比較不會令人卻步。

將禮物包裝暗示放進催眠語言中是有價值的。病人可以被激發而提取隱含的意義。但單獨使用自明之理與假設前提等催眠語言模式，其價值有限。喚醒式的力量，是透過不同的禮物包裝模式來呈現類似的暗示，彼此協同總和創造而來的。重複的效果有限。遞迴的力量比較大。遞迴是同一主題細微調整後的變化。想想貝多芬第五號交響曲開頭的四個音。貝多芬將它們呈現之後，他以遞迴的模式展現變異，使用主題與變奏對聽眾產生決定性的效果。同樣地，

藉由使用不同的催眠語言模式遞迴地呈現主題，會增加催眠的衝擊力。

▍間接暗示的其他模式

調整或組合自明之理與假設前提，可以產生八種常用的間接暗示：

（一）嵌入命令（Embedded Commands）

（二）引述（Quotes）

（三）附加問句（Tag Questions）

（四）會話式假定（Conversational Postulates）

（五）是的套組（Yes Sets）

（六）隱含原因（Implied Causatives）

（七）解離陳述（Dissociation Statements）

（八）雙重解離陳述（Double Dissociation Statements）

（一）嵌入命令

嵌入命令是藉由口語或並行口語技巧，標定出句子中一個祈使句來產生的。英語特別容易創造出嵌入命令，因為動詞通常是以命令的形式出現。

考慮這個自明之理：「你可以聽我的聲音。」如果溝通者在許可動詞之後停頓，然後改變聲調，馬上可以得到一個命令。「你可以……（改變聲調、節奏、或方向）**聽我的聲音**。」「聽我的聲音」這個詞組就變成一個命令。將聲調變得柔可以更為有效。艾瑞

克森醫師建議學生，刻意不強調（underemphasis）通常比過度強調（overemphasis）效果更好，因為它具有溫和與允許的本質。我從艾瑞克森醫師的一位病人身上學到了這一課。

在我執業生涯的早期，有一位艾瑞克森醫師過去的病人和我聯絡；她是珍，在艾瑞克森醫師過世後來找我。因為對麻醉藥過敏，她希望在即將到來的牙科治療中使用催眠麻醉。珍是一位工程師。我沒有理由相信她對催眠技巧會有任何瞭解，但事後證明我是錯誤的。

在催眠引導時，我運用的暗示類似這樣：「珍，妳可以……**真正地舒服**」以及「珍，妳可以真正地……**感覺自己放鬆**。」我用這些暗示對她重擊。珍從催眠中醒來，接著評論：「傑夫，真的很棒；正是我想要的。但是，你知道嗎，當艾瑞克森醫師使用嵌入命令時，他會讓聲音變得柔和。」因此，我說：「真的很感謝妳」同時考慮要付她諮商費用。

但那的確是很棒的一課；如果你想要讓某件事凸顯出來，刻意不強調會很有效。當初我剛學到嵌入命令時，我認為過度強調暗示是正確的。現在，我會刻意不強調，讓暗示更令人難忘。

珍第二次為了另一個問題來找我時幫了我一個大忙。我又用了催眠。珍從催眠醒來並說：「傑夫，那真的很棒；而它正是我想要的。但是，你知道嗎，艾瑞克森醫師幫我做催眠時，他並不會一直說話。」我問她：「妳的意思是？」她說：「好的，他給我很多時間，安靜的時間，可以思考，可以真正去感覺。」因此，我說：「好的，真的很感謝妳。」再次，我考慮付她諮商費用。

如同珍指出的，並不需要用話語填滿催眠的空間。重要的是

病人的經驗，而非催眠師的溝通。催眠師拼命地使出各種技巧，為患者提供最大的機會，以建設性地改變他們的情緒與觀點。但有時候，最好的技巧是提供案主安靜反思的時間。

將一個命令嵌入看似許可式陳述的過程中，病人掙扎著決定要對訊息的社交層面（本意）或是心理層面（隱含的命令）做反應，因此可能出現失衡的感覺，甚或輕微的困惑。病人「解開」（unwrap）這個溝通，從而激發了這個反應。瞬間困惑的內在搜尋可以促進現象學目標。

治療師可以用許多方法創造嵌入命令。將動詞重複通常會產生一個命令：「你可以進入……進入催眠。」另一個方法是在許可動詞後面加入病人的名字：「你可以……約翰……更加專注在經驗中。」另一個嵌入命令的方法是將不定詞分開；可以重複或不重複：「很好的是……聚焦在內心。」或「很好的是聚焦……聚焦在內心。」

英語，如同前面已經提過的，由於它的結構，是特別容易將無害的陳述做嵌入命令的語言。然而，某些語言，就比較不適合這種口語技巧。例如德文，需要將動詞的命令式作為句子的開頭，而命令的對象也有獨特的格式，因此不容易創造出嵌入命令。治療師可以不合文法地說話以達到策略性的效果；或治療師可以用引述的方式來禮物包裝暗示，以達成類似的策略性目標。

（二）引述

為了使用引述創造一個間接暗示，治療師可以講述一個簡短的小插曲或不相關的事，而在引號內包含了一個暗示，並且非口語地

表達這個出溝通。如此一來，便模糊了這段引述是對病人的命令，或者僅僅是不相關事件的一部分。例如，治療師可能會說：「我有一個朋友對催眠很好奇，而當這個朋友認真思考催眠的時候，我告訴他⋯⋯『做一個深呼吸，然後向內心聚焦。』」另一個形式：「催眠時，人們可能會告訴自己⋯⋯『做一個深呼吸，然後注意內在的舒適。』」再一次，非口語技巧承擔起為病人標記出關鍵內容的責任，而刻意不強調是首選策略。

（三）附加問句

附加問句指的是，將一個簡單的是非問句加在一個自明之理或假設前提之後。例如：「你可以向內心聚焦，不是嗎？」或「你的意識不知道何時你可以聚焦在內心，是吧？」

附加問句將正面和負面的配對，使病人更難防禦性地反對。畢竟，負面的意見已經被治療師事先說完了。此外，附加問句也是不常用的語言模式，常常會造成接收者一些短暫的失衡狀態，而引起激發可以增強目標暗示。

（四）會話式假定

當假設前提或自明之理被轉換成問句，就形成會話式假定（（Bandler & Grinder, 1975）。通常，它們是以行為回答的問句。「你可以閉上眼睛嗎？」比「閉上眼睛」的直接命令溫和。「你能夠辨認出身體舒服的位置嗎？」預先假設舒服的存在，而且會被注意到。

（五）是的套組

「是的套組」是序列性喚醒式溝通（Sequenced Evocative Communication, SEC）的一種。是的套組是一個複雜的模式，將一系列的自明之理（通常是三個）結合在一起作為同步陳述，再加上一個最終的自明之理作為引發陳述，通常是一個暗示性自明之理。如同簡單的自明之理，使用許可動詞是有利的。

考慮下面的例子：

你可以聽到房間外面的噪音。你可以聽到我的聲音。你可以聽到自己的呼吸。而你可以……經驗到聲音的改變持續發展著。

注意到這些陳述包含著間接與隱含訊息的複雜組合。這一組自明之理不只引導注意力，同時它們以一種精心安排、策略性的方向進行。從週邊——與病人相距某個距離的房間外面，到內心的某個點。這個是的套組，如果視為一個整體，包括了一個將注意力導向內在的隱含暗示。它可以被標定為一個「指導性是的套組」。

最後的誘發性自明之理，在這個例子中因為慣用語的模稜兩可，是很豐富的。「聲音改變（sound changes）」不僅可以是一種知覺的改變，也可以是有智慧地做出一個更好的「健康的改變（sound change）」。最後的自明之理也包含了一個嵌入命令，因此發動另一個病人反應的機會。

是的套組促成了一個類似牛頓慣性運動定律的過程。「一旦大腦正在思考『是的』，除非由外力介入，不然就會傾向於繼續思考

『是的』。」是的套組是一種聯結技巧，透過向病人呈現一連串的可能，讓她能想到「是的」。藉由前面三個自明之理，為肯定的反應奠定基礎；在呈現引發性陳述時，病人較有可能跟隨阻力最小的路徑，而對最終目標的暗示做出正面的反應。

這裡有一個很糟糕的是的套組範例，它糟糕的理由應該非常明顯。

你對催眠有興趣。

你想要學習催眠。

你想要學習艾瑞克森催眠。

而你可以報名艾瑞克森基金會下一屆的研討會，

報名網站：www.erickson-foundation.org.

最後一個自明之理是一個暗示性自明之理，但跳離原來的自明之理太大了。連結到命令性自明之理的轉場應該小一點，才能無縫接軌到下一步，才不會讓案主感到突兀。

用一張圖來說明：最後一步稍微大一點，亦即，較為策略性導向，而前面的三個「步驟」則是較為專注在同步當下的經驗。

是的套組不僅是一個連結的技巧；當引發外顯反應時，它的效

果一樣很好。艾瑞克森醫師在 1964 年曾做過一次催眠引導示範，他使用了一個套組，示範對象對這個套組公開地回答：「不。」一開始，他問：「妳之前是否曾經進入催眠狀態？」那位女性回答：「不。」「妳是否曾經看過？」她再次回答：「不。」「妳是否知道進入催眠狀態會像什麼？」「不。」她回答。「妳是否知道妳必須做所有的事，而我將只是坐在旁邊並且享受欣賞妳所做的嗎？」艾瑞克森醫師最後的假設前提是令人失衡的，用來瓦解她的意識狀態。艾瑞克森醫師接著很快地做了手臂飄浮引導，建立了催眠狀態。

一個「不是套組」（No Set）可以是「消耗」阻抗的方法。一旦病人說夠了「不」，他就可以更容易地說「是」。

是的套組是由自明之理與假設前提元素所組成的「分子」。下面是依據它們的統一特徵加以分類的十六種是的套組例子。

是的套組表

將一系列三個自明之理或假設前提組合在一起作為「同步」陳述，就可以創造出是的套組。如同簡單的自明之理，最好使用許可動詞。系列中的第四個自明之理作為「誘發」陳述，同時可以是一個命令式自明之理。下面的分類是可能使用的組合。

注意：建議初學者停留在分類中，這麼做可以促進引導注意力的目標。

1. 一個「是的套組」後面接或不接附加問句
2. 一個「不是套組」後面接或不接附加問句

3. 一個「我不知道套組」後面接或不接附加問句

4. 三個思考加一個思考

5. 三個感覺加一個感覺

6. 三個行為加一個行為

7. 三個未來的事加一個未來的事

8. 三個過去的事加一個過去的事

9. 三個現在的事加一個現在的事

10. 三個操作過程加一個操作過程

11. 三個聽覺加一個聽覺

12. 三個視覺加一個視覺

13. 三個觸覺加一個觸覺

14. 三個催眠排列加一個催眠排列

15. 三個象徵性命令加一個象徵性命令

16. 指導性是的套組。

　　接下來的例子全部遵守三個同步自明之理加上一個誘發自明之理的模式。有經驗的治療師知道，她不需要嚴格地遵守這些分類，而是依據病人表現出來的行為創造有效的是的套組，而新手治療師可能會發現這些結構化的模式是有幫助的。此外，使用嵌入命令可能是有益的，特別是在最後一個，指導性自明之理。

1. 是的套組：

你可以改變腳的位置。

你可以改變手的位置。

你可以改變頭的位置。

而你可以……輕易地改變自己進入催眠的舒服之中。

是的套組接著附加問句：

你可以聽到我的聲音，不是嗎？

你可以聽見我的聲調，不是嗎？

你可以瞭解我的聲音的意義，不是嗎？

而你可以……使用我的聲音來增強你的舒適感，不是嗎？

2. 不是套組：

你無法否認你聽見的能力。

你無法否認你傾聽的能力。

你無法否認你理解的能力。

而你無法否認你……舒服地反應的能力。

不是套組接著附加問句：

你不需要注意我的聲調，是吧？

你不需要注意我說的話，是吧？

你不需要瞭解我說話的所有意義，是吧？

你不需要用我說話的意義來理解發展中的催眠，是吧？

3. 我不知道套組：

我不知道你可以想像多少的舒服。

我不知道你可以達成多少的舒服。

我不知道你可以享受多少的舒服。

而我不知道你可以如何……鮮明地發展內在的舒服。

我不知道套組接著附加問句：

我不知道你可以達成多少的舒服，是吧？

你不知道你可以達成多少的舒服，是吧？

你的意識不知道你可以達成多少的舒服，是吧？

但你的無意識可以知道你可以達成多少的舒服，不是嗎？

4. 三個思考加一個思考：

你可以想著催眠。

你可以想著催眠的經驗。

你可以想著催眠的發展。

而你可以想著你如何能……增加你催眠的發展。

5. 三個感覺加一個感覺：

你可以發現一個寧靜的感受。

你可以瞭解一個自在的感受。

你可以欣賞寧靜的滋長。

而你可以繼續……發展那滋長的自在感覺。

6. 三個行為加一個行為：

你可以將書本放下。

你可以把手放在大腿上。

你可以將手調整在一個舒服的姿勢。

而你可以繼續……做任何的調整來加深你幸福的感覺。

7. 三個未來加一個未來：

你可以想像舒服的感覺。

你可以預期發展出舒服的感覺。

你可以思考舒服的感覺將會如何演進。

而你可以……期待地等待，以理解舒服的感覺的發展。

8. 三個過去加一個過去：

你可以記得嬰兒時的舒服。

你可以真正記得童年時某些層面的舒服。

你可以記得學生時全然的舒服感覺。

而你可以……舒服地回想。

9. 三個現在加一個現在：

你的耳朵可以聽到當下。

你的眼睛現在可以繼續閉上。

你的皮膚可以感覺此刻的溫暖。

而你可以繼續……注意這些感覺……現在。

10. 三個操作過程加一個造作過程（「操作過程」是我用於更大
類別的人類經驗的術語）：

你可以聆聽。

你可以瞭解。

你可以注意。

而你可以……跟隨任何合理的幸福暗示。

11. 三個聽覺加一個聽覺：

你可以聽到外面交通的聲音。

你可以聽到頭頂電風扇的聲音。

你可以聽到我說話的聲調。

而你可以……注意到聲調的改變。

12. 三個視覺加一個視覺：

你可以看到牆上的圖畫。

你可以看到桌上的擺飾。

你可以看到你的手的位置。

而你可以……注意到眼皮眨動的改變。

如果案主的眼睛是閉上的：

你可以看到形狀。

你可以看到顏色。

你可以注意到形式。

而你可以……理解形式的改變。

13. 三個觸覺加一個觸覺：

你可以感覺雙手在大腿上休息。

你可以感覺衣服的觸感。

你可以注意到衣服的溫度。

而你可以……注意感覺的改變。

14. 三個催眠排列加一個催眠排列：

你可以注意到動作移動的改變。

你可以注意到呼吸頻率的改變。

你可以注意到眨眼頻率的改變。

而你可以繼續……注意到令人著迷的變化。

這個例子以確認陳述組合成一個是的套組。這個是的套組應該用在初始引導過程之後。

15. 三個象徵命令加一個象徵命令：

你可以注意到雙腳踩在地板上。

你可以注意到左邊的肩膀與右邊的肩膀距離變遠了。

你可以注意到你的頭似乎感覺與你的腳的距離變遠了。

而你可以……注意到你的頭似乎變大了，但又不會太大。

注意：在象徵命令技巧中，每一個慣用語都涉及一個建立自尊的觀點。「腳踏實地」、抬頭挺胸、寬厚的肩膀，以及一個稍大的頭，在許多文化都被認為是正面、理想的特質，暗示著智慧與慈悲能力的增強。

16. 指導性是的套組：

使用是的套組還可以有其他的選擇。仔細思考下面的是的套組。

你可以注意到前面的牆壁。

你可以看到房間內的傢俱。

你可以注意到正在閱讀的書。

而你可以在眨眼間意識到變化。

上面這個是的套組的方向是什麼？距離、靠近、靠近、靠近。這個結構是指導性是的套組。它的效用是加倍的。注意力被引導到視覺，同時從外在引導到內在。

下面是類似的例子，一個從下而上的指導性是的套組：

你可以感覺雙腳踩在地板上。

你可以注意到雙手在大腿上休息。

你可以感覺到手臂靠在身體休息。

而你可以注意到你頭的其餘部分舒服地平衡著。

指導性是的套組可能將記憶從過去導引到現在：

你可以記得孩童時的放鬆。

你可以記得小學時的放鬆。

你可以有中學時放鬆的記憶。

而你可以繼續真正地記得放鬆和舒服的感覺。

指導性是的套組同時導向並引導注意力，所以是進階的技巧。因為指導性是的套組有著較為複雜、多層次的結構，所以能進一步促進內隱反應的現象學目標。

進階是的套組

此外，使用三個假設前提再接一個假設前提是可能的。

你的意識可以輕易地注意到正在增加的舒服。

你的無意識可以快速地欣賞正在增加的舒服。

你的意識可以大大地享受全然的舒服感覺。

而你的無意識可以……經驗現在舒服的感覺，用自己的方法。

是的套組不需要減化為單一陳述，而可以用複雜的敘事形式產生，例如：故事或軼事。治療師可以考慮講三個同步的故事，接著講一個誘發的故事，而每一個故事都包括一個隱含的「是的」。

當治療師不太確定與病人的治療關係是否足夠時，是的套組是特別有用的。有效的是的套組可以重新建立與病人的正向連結，同步她的經驗並且恢復治療關係。是的套組創造一個暗示的過程：同步，同步，同步……帶領。這是一個策略性的方法：臨床工作者必須預見治療目標與著陸點，並且創建通向目標的中間步驟。這裡是一個示範引導的例子，引導過程刻意地限制只使用是的套組。

是的套組示範

下面的迷你引導是在新加坡的一場基礎催眠工作坊的第一天進行的。它的目的是為學生示範催眠引導的成分；它並不是設計用

來作為這位女性同學，周，的完整催眠經驗。這個示範的第二個目的，是讓這次的示範成為一次對話，讓周的回應可以進一步被善用。

傑夫：好的，周，妳可以讓自己舒服一點。就做一個舒服的呼吸……很好，然後妳可以就閉上妳的眼睛……太好了……

而妳可以注意到妳改變姿勢的方式，因此妳可以……開始經歷一些愉快的感覺，在進入催眠時……而妳可以，周，注意到妳的雙腳放在地板上的感覺……而，妳可以瞭解，周，妳的雙手可以自在地、舒服地放在大腿上休息的方式……而妳可以經驗到妳的手臂舒服地、自在地靠在妳身邊的方式……而妳可以注意到脖子的肌肉毫不費力地保持平衡的方式，因此妳可以發現自己朝向更加舒服發展的催眠……而周，妳的耳朵可以聽到風扇的聲音……而妳可以毫不費力地聽到我說話的聲音……而妳可以聽到自己呼吸的聲音……而妳可以經驗到一些聲音的改變，當妳的身體調整到一個休息的狀態……而周，妳可以記得孩童時某些特殊的輕鬆時光……而妳可以記得青春時某些特殊的輕鬆時光……而妳可以記得在學校時某些特殊的輕鬆時光，如此的放鬆如此的舒服……而妳可以繼續真的記起那些非常愉快的經驗……而周，雖然它似乎有點困難或不尋常，妳可以告訴我妳現在正在經歷的。現在妳覺得有趣的是什麼？而要將想法翻譯成

話語可能有些困難，但那是妳可以做得到的。現在妳覺得最有趣的是什麼？

周：（輕柔地說話，有點猶豫）心，我確定……還有一棵樹。

傑夫：而妳的聲音可能聽起來有些不同……而將想法翻譯成話語可能有些不同……而將想法翻譯成話語的方式，可能比平常的時候更不尋常，可以是愉悅的……而妳可以繼續經驗這麼多不同的愉悅感覺，而，周，現在妳覺得有趣的是什麼？

周：走向……

傑夫：而妳可以發現自己正在旅行……而妳可以想像自己正在走路……而妳可以經驗自己正從這裡移動到那……而你可以真正地享受移動和旅行的經驗……而，妳不需要聽到我說的每一件事，是吧？……而，妳不需要專注在我說的每一件事，是吧？……而妳不需要投入在我說的每一件事，是吧？……而妳不需要真正經驗到特別個人甚至更加舒服的感覺發展著，是吧？而妳現在正經驗到的是什麼？

周：微風……

傑夫：你走著……呼吸……微風……而妳可以經驗到清涼的微風……而妳可以享受那個感覺……而妳可以注意到感覺如何改變……而妳真的可以用那麼多奇妙的方式來瞭解那個感覺。妳可以微笑……而妳可以移動……而妳可以做一個輕鬆的呼吸……而妳真的可以繼續享受發展中的

感覺，帶妳進入催眠。而現在妳覺得有趣的是什麼？

周：我覺得冷。

傑夫：而妳可以經驗某些清涼……而妳可以經驗它怎麼會是如此令人好奇地清涼……而妳可以瞭解妳如何能經驗自己沉浸在清涼當中……而妳可以感到愉悅，關於妳可以如何運用那個清涼讓自己更深沉、更舒服地專注在經驗中……

而再過一會兒我將請妳讓自己清醒過來——請妳將自己帶回來，並且瞭解到妳可以讓自己完完全全地清醒過來；而妳可以完全全地將自己帶回來；妳可以讓自己回來，此時此地，完全地回到現在這裡，做一個、兩個、或三個輕鬆的呼吸。做一個、兩個，或三個輕鬆的呼吸，讓自己完全清醒地回到這裡，完全地清晰敏銳。

在引導之後，討論了周對這次經驗的反應，她的反應是相當正面的。

在與周進行催眠引導的中間，我開始和她說話。我問了她一個開發性的問題：「妳現在的經驗是什麼？」讓催眠成為互動是很重要的。一定要做催眠對話；不只是對一個被動的人說話。人在催眠中仍然可以說話。

這次的引導，我刻意地限制自己只用一種溝通模式，以自明之理結合為是的套組。這是一個示範練習，而不是在臨床治療中使用的東西。

或許你有注意到這些陳述是以連接詞串接在一起，彷彿整個催眠引導是一個很長的句子。這樣連鎖的目的是為了創造流動。關於

連鎖，本章稍後會再討論。

　　經驗到這次引導，如同周所經驗到的，帶領她進入催眠。或許，甚至如同你剛才閱讀它，會引起輕微的失衡。然而，一旦你認知上知道這個結構，它或許不再影響你的「狀態」。引發各種「狀態」的魔術有其隱晦不明的特質，一旦有人知道魔術技法的結構，它就失去效果了。當影響「狀態」的方法對接受者是隱晦不明的時候，它們的效果是最好的。一旦那些方法被公開了，它們就變成訊息，而不再具有相同的經驗性衝擊。影響許多「狀態」的人可以知道魔術的結構，並且有意識的工作。

　　組成周的催眠引導的「是的套組」將在下面逐一呈現，好讓讀者能夠更清楚地看到它們的結構。

　　而妳可以，周，注意到妳的雙腳放在地板上的感覺……

　　而，妳可以瞭解，周，妳的雙手可以自在地、舒服地放在大腿上休息的方式……

　　而妳可以經驗到妳的手臂舒服地、自在地靠在妳身邊的方式……

　　而妳可以注意到脖子的肌肉毫不費力地保持平衡的方式，因此妳可以發現自己朝向更加舒服發展的催眠……

　　而周，妳的耳朵可以聽到風扇的聲音……

　　而妳可以毫不費力地聽到我說話的聲音……

　　而妳可以聽到自己呼吸的聲音……

　　而妳可以經驗到一些聲音的改變，當妳的身體調整到一個休息的狀態……

而周，妳可以記得孩童時某些特殊的輕鬆時光……

而妳可以記得青春時某些特殊的輕鬆時光……

而妳可以記得在學校時某些特殊的輕鬆時光，如此的放鬆如此的舒服……

而妳可以繼續真的記起那些非常愉快的經驗……

而周，雖然它似乎有點困難或不尋常，妳可以告訴我妳現在正在經歷的。現在妳覺得有趣的是什麼？而要將想法翻譯成話語可能有些困難，但那是妳可以做得到的。現在妳覺得最有趣的是什麼？

周：（輕柔地說話，有點猶豫）心，我確定……還有一棵
　　樹。

傑夫：而妳的聲音可能聽起來有些不同……

　　　而將想法翻譯成話語可能有些不同……而將想法翻譯成
　　　話語的方式，可能比平常的時候更不尋常，可以是愉悅
　　　的……而妳可以繼續經驗這麼多不同的愉悅感覺。

　　　而，周，現在妳覺得有趣的是什麼？

周：走向……

傑夫：而妳可以發現自己正在旅行……

　　　而妳可以想像自己正在走路……

　　　而妳可以經驗自己正從這裡移動到那……

　　　而你可以真正地享受移動和旅行的經驗……

　　　而，妳不需要聽到我說的每一件事，是吧？……

　　　而，妳不需要專注在我說的每一件事，是吧？……而妳
　　　不需要投入在我說的每一件事，是吧？……

　　　而妳不需要真正經驗到特別個人甚至更加舒服的感覺發

展著，是吧？

而妳現在正經驗到的是什麼？

周：微風……

傑夫：你走著……呼吸……微風……

而妳可以經驗到清涼的微風……

而妳可以享受那個感覺……

而妳可以注意到感覺如何改變……

而妳真的可以用那麼多奇妙的方式來瞭解那個感覺。

妳可以微笑……

而妳可以移動……

而妳可以做一個輕鬆的呼吸……

而妳真的可以繼續享受發展中的感覺，帶妳進入催眠。

而現在妳覺得有趣的是什麼？

周：我覺得冷。

傑夫：而妳可以經驗某些清涼……

而妳可以經驗它怎麼會是如此令人好奇地清涼……

而妳可以瞭解妳如何能經驗自己沈浸在清涼當中……

而妳可以感到愉悅，關於妳可以如何運用那個清涼讓自己更深沉、更舒服地專注在經驗中……

（六）隱含原因

隱含原因，或稱為隱含命令（implied directive）奠基在暗示的過程，通常與自明之理或假設前提結合在一起，成為序列性喚醒式溝通（SEC）。它的形式是當 X，然後 Y，其中 X 是一個行為，而

Y 是一個「狀態」，或者 X 是一個「狀態」，而 Y 是一個行為。例如：「當你做一個深呼吸，你可以……感受到一種強烈的舒適感。」或者：「當你做一個深呼吸，你可以更為舒服。」另一個例子：「當你坐在這裡，你可以理解催眠的舒服。」或：「隨著你的每一次移動，你可以經驗更多的舒服。」

行為與「狀態」以一種好似因果關係的方式連結在一起。隱含原因可視為一種條件化的暗示。「當你做一個深呼吸，你可以進入催眠」，從一個行為到一個「狀態」；後「當你進入催眠，你可以做一個深呼吸」，從一個「狀態」到一個行為。隱含原因具有效力的原因是，受試者自身的行為確認了心理狀態的現實。例如：「當你覺得舒服，你可以點頭。」隱含原因可以促進病人的反應性。

艾瑞克森與羅西確立了一個有些相關的模式，對立的同位（the apposition of opposites），對立的系統是互相聯結的：輕與重；溫暖與清涼；或放鬆與緊張。「當你的手感到輕盈而抬起，你的眼皮會感到沉重而閉上。」（1980, p. 470）

也可以考慮使用選擇假象的一種複雜模式：「當你閉上眼睛或當你做一個深呼吸，你可以感覺更為舒適。」

（七）解離陳述

解離陳述比其他簡單的模式複雜。但，解離陳述的基本原則具有廣泛的適用性。因此，我們將會深入解釋。

解離是日常生活自動化的平台。我們只能有意識地做有限數量的任務。大部分的任務需要自動化地運作。催眠引導鼓勵自動化反應的方法是，指派一部分的意識做一件任務，而留下第二件任務在

解離的狀態下完成（Erickson & Rossi,1980, p. 470）。解離或不自主的自發行為是一個關鍵的催眠目標。為了達成此目標，需要不尋常的語言結構，解離陳述是其中之一。這裡是一個例子：

你的意識可以注意到雙腳踩在地板上的感覺，而你的無意識可以……享受飄浮的感覺，因為經驗到覺察發展的許多不同面向是很棒的。

簡單解離陳述的結構版本如下：
你的___（1）___可以___（2）___但是（而且、或、當）
你的___（3）___可以……___（4）___
因為___（5）___

這是要填入的概念的萬能鑰匙。

填入的陳述如下：
（1）覺察的意識狀態。
（2）一個特定的「同步」陳述。
（3）意識的催眠狀態。與空格（1）相對的概念。
（4）一個一般性「誘發」陳述；例如：一個鼓勵催眠現象實現的推測性陳述。
（5）一個動機，最好是屬於病人的。與正面的動機結合是很好的技巧。更好的技巧是在暗示之後運用一個病人獨有的理由。如同是的套組是組合簡單模式而創造出來，解

離陳述也是組合三個自明之理而創造出來，但是是以不同的形式。第一個自明之理，「你的意識可以注意到雙腳踩在地板上的感覺」，是用來同步的。第二個自明之理，「你的無意識可以……享受飄浮的感覺」，是一個命令性自明之理。同步通常是較為特定的，而誘發陳述則較為一般性而且曖昧不明，容許病人在表達的命令中隱含地活化。第三個自明之理是設計用以提供動機的。當然，假設前提也可以取代自明之理，組成解離陳述。

解離陳述並不侷限於使用意識與無意識的相對概念。解離陳述可以使用任何相對概念，如：頭／身體，心理／身體，或右邊／左邊。例如：

你的耳朵可以聽我說話，而你身體其他部分可以……享受發展中的舒服，因為經驗許多有價值的感受是很愉快的。

解離陳述的基本版本有無限變化的可能。臨床工作者可以探索許多選項。在自明之理中間的「可以」這個許可動詞之後停頓，治療師便創造出一個嵌入命令。為了加強嵌入命令的效果，治療師可以將病人的名字加在引發陳述之前。調整「**但是**」、「**而且**」、「**當**」等連接詞可以改變效果。

解離陳述格式的延展性甚至允許治療師對抗在病人身上注意到的任何不良反應或阻抗。例如：第二個空格中，治療師可以填入一個特定的阻抗：「你的意識可以**微笑**，但你的無意識可以……享受

舒服的發展，因為同時在意識與無意識經驗事物是很有價值的。」藉由在解離陳述的第一個階段放入「阻抗行為」，那個阻抗，就透過暗示，被限制在意識的層面。

或者，隨著引導持續進行，可以將催眠排列的各個面向填入第二個空格中。如此便將解離陳述的第一階段變成確認陳述：「你的意識可以**注意到呼吸速度的改變**，等等。」

第三步驟結合一個正面的情緒或動機，增進暗示的接受度。熟悉病人的價值觀讓臨床工作者能夠量身訂做出動機，從而增加它的力道。

此外，創造一個協調的解離陳述是可能的，在解離陳述的三個段落中，一個概念被重複或暗指出來。創造一個協調的解離陳述可以添加詩意的效果。例如：

你的心可以聚焦在當下發展中的舒服，而你的身體可以領悟當下舒服的發展，因為看到舒服在當下可以如何用愉快地適合你的方式發展是很棒的。

（八）雙重解離陳述

雙重解離陳述是多層次的精細製作，其中加入了失衡的元素。雙重解離陳述的例子如下：

你的意識可以注意到雙腳踩在地板上，而你的無意識可以聆聽我的聲音，或者你的無意識可以注意到雙腳踩在地板上，而你的意

識可以聆聽我的聲音。

雙重解離陳述的形式如下：

你的意識可以＿＿A＿＿而

你的無意識可以＿＿B＿＿或者

你的無意識可以＿＿A＿＿而

你的意識可以＿＿B＿＿。

「訊號」與「雜音」的概念可以幫助臨床工作者瞭解雙重解離陳述。訊號從背景雜音中凸顯出來。前述雙重解離陳述中，凸顯出來的概念是：「雙腳踩在地板上。」「聆聽我的聲音。」解離陳述的其他部分變成雜音，允許目標暗示的訊號凸顯出來。不僅如此，因為雙重解離陳述是相當不尋常的，本質上就會創造出失衡。

單一的解離陳述就很有可能引發效果。但包含相反兩極概念、分層協同的多重解離陳述通常是必要的。

解離陳述的本質

我們能夠從解離陳述的結構中學習許多，還有一個額外的學習，涉及了介入的過程。解離陳述是策略性的喚醒式溝通。

解離陳述的三部曲本質

一個簡單的解離陳述是個三部曲。我藉由研究艾瑞克森醫師，學習到以三部曲的方式溝通。這個學習改變了我在催眠引導時提供

想法的方式。以三部曲的方式創造情緒衝擊，也改變了我在治療時……以及生活中的溝通方式。它是如此的重要。

我最初的治療師訓練是同理聆聽技巧。我是羅傑斯學派（Rogerian）的忠實信徒。我學習到的治療性溝通風格，可以稱為「斷奏（staccato）」。我以簡單的陳述做反應。舉例來說，如果病人報告了一個成就，我可能會回應：「你似乎對那件事感到非常快樂。」

當我研究艾瑞克森醫師，我領悟到他不會說簡單的句子；相反地，他的溝通是一個過程，一個三部曲的過程。艾瑞克森醫師常常用三個步驟戲劇性地溝通。他的形式是：進入（enter）、提供（offer）、離開（exit）。換言之，這個過程可以被標記為：設立（set up）、介入[1]（intervene）、跟進（follow through）。它也可以被稱為：同步（pace）、形塑（pattern）、激勵（motivate）。

過程中的步驟可能更為複雜，採用這樣的模式：設立、設立、設立、介入、跟進、跟進。例如：「你坐在這裡。你正在注意。你帶著興趣注意著。而你可以開始瞭解到戲劇性溝通的重要性。它將會活化你的訊息。它將會增加情緒衝擊。」

使用序列性喚醒式溝通（SEC）來創造一個序列、策略性的戲劇，可以增加衝擊。以三部曲戲劇來溝通並不限於催眠和解離陳述；它可以使用在每天的情境中。設想一位為病人開立處方的醫師，鼓勵病人的醫囑遵從性，對醫師來說十分關鍵。例如開立高血

---

1 【編註】在薩德的《經驗式治療藝術》一書介紹此模式（SIFT）時，此處用字為 intervention，譯為「治療主軸」。本章衡量前後語脈，採譯為「介入」。

壓或糖尿病藥物，這些疾病在早期很可能沒什麼症狀。如果沒有明顯的症狀，病人可能對遵從醫療指示漫不經心。

僅僅開立處方給病人可能是不夠的。使用三部曲的過程可以增強遵從性。例如醫師可以這麼說：「我知道你喜歡演奏音樂。我知道你很規律地練習。我知道你是一個勤奮的人。我知道你是認真的。這是你的處方。認真地服用這些藥。它會對你很有幫助。藥效很快就會出現。我知道你想要健康。」使用三部曲的過程會花一些時間，但它會有顯著的效果。

作為幫助學生記得這個三部曲過程的記憶術，我將它稱為「三明治」法。不僅為病人呈現「肉」，而是供應他們整個三明治。設立與跟進的陳述可以視為麵包。連接詞則視為佐料。中間的引發陳述就是肉。接下來的陳述可以提供動機。

要記得，解離陳述以一個動機作為結束。典型的艾瑞克森醫師技巧是目標暗示之後緊接著一個動機，給出一個遵循暗示的理由。例如在手臂飄浮時，他可能會說：「你的手可以抬起來，朝著你的臉前進，因為當它碰觸到你的臉，你可以做一個深呼吸，然後真正地感覺舒服。」解離陳述或任何暗示的動機，都可以用「因為」連接，或者「因為」也可以是隱晦的。例如：「你可以做一個深呼吸。那是愉悅的。」或「你的身體可以在椅子上休息，而你的心可以遊蕩。有這麼多有趣的事可以去體驗。」

研究指出，在一個核心暗示之後緊接著加上一個動機，可以增強遵從性。這是一個社會心理學的研究，而因為是社會心理學的研究，它是以欺騙作為基礎（Cialdini,2009, p. 4）。場景是圖書館的影印機。實驗者徵召了一個學生擔任共謀者。該學生等待著，直

到使用影印機的隊伍來到一定的人數。該學生接著就走到隊伍前面說：「我可以影印嗎？」基準是排隊的同學允許插隊的次數比例。在下一個實驗情境，該學生等待著，直到使用影印機的隊伍來到一定的人數。不同於基準實驗，該學生被指導說道：「我可以先影印嗎？因為我的老師需要。」當提供了一個動機，遵從性增加了。接著，另一個實驗情境，該學生等待著，直到隊伍達到一定人數，接著他說：「我可以先影印嗎？因為我需要影印。」第三次和第二次實驗情境的遵從性大致相同。研究者斷定，「因為」這個詞是有效的。一旦給出一個理由，遵從性就增加了。

讓我們來檢視一個催眠解離陳述：「你的意識可以注意到清涼的感覺，而你的無意識可以……真正經驗舒服，因為同時以意識和無意識學習是很棒的。」記得，「真正經驗舒服」的目標陳述是有策略地籠統的。重要的是病人從曖昧不明的指令中，活化了對個人意義的探索。

某些病人拒絕解離的經驗，而且這樣是正確的。例如，邊緣性人格障礙的病人可能喜歡較為具體、結構化的暗示。透過對創傷解離來調適的創傷患者，可能覺得解離令人生畏。

一些臨床情況受益於增加解離量。例如與疼痛解離，對於若有疼痛的病人是有價值的。基本原則是使引導策略配合患者。

解離陳述示範

或許 SIFT（篩選）的縮寫能夠讓這個過程較為容易記憶。三個步驟是，設立（Set Up），介入（Intervene），以及跟進（Follow Through）。另一個說法：同步，提供，動機。此外，再

考量一種你在電影中見過無數次的方法。一個定場鏡頭，是一架飛機的畫面，緊接著是飛機內部的畫面。接著，音樂或是聲音帶領觀眾進入下一個場景。這被稱為入鏡（clean entrance），呈現（presentation），以及出鏡（clean exit）。這個三部曲過程對影迷來說是隱形的，但透過其隱含的本質創造了衝擊。

這是一個引導的例子，在一個催眠訓練工作坊的第一天進行。它以迷你引導作為序曲，僅用於示範目的。與學員的討論也包含其中。

拉迪，為了進入催眠，你可以只是讓自己覺得舒服。那很完美。你可以將雙手放在大腿上休息。非常好……而你可以就做一個深呼吸……而然後你可以再做一個輕鬆的呼吸……然後你可以……就這麼閉上你的眼睛……而你可以瞭解你擁有意識的心靈，也擁有無意識的心靈……而你的意識可以聆聽我的話語，同時你的無意識可以慢下來……因為這麼做是如此有趣、如此愉悅……就花一些時間真正地慢下來……而你的意識可以注意到雙手的感覺，當它們在你的大腿上休息，而你的無意識可以探索其餘的……內在。這是你只為自己所做的……而拉迪，你的耳朵可以聆聽……聆聽我的話語，但你的身體……你的身體可以探索改變，因此你可以學習到更多的經驗，你發展催眠的經驗……而你左邊的臉可以它有自己放鬆的方式，肌肉改變了，同時右邊（right）可以有它自己的方式，真的去經驗其他非常愉快的改變，因為真正讓一切對你是正確（right）的，那是如此美好……而拉迪，你的雙腳可以放在地板上休息而你的心可以探索……探索空間與時間……那是如此有趣……

如此好奇……而你的意識可以注意到眼睛周圍的靜止，但你的無意識仍然（still）可以探索得更深，內在深層的靜止（still）……用自己的方式自己的時間……而拉迪，你的身體可以學習同時你的心可以聆聽，或者你的心可以學習同時你的身體可以聆聽到某些發展中的改變……而你的意識可以注意到你正在點頭，同時你的內心可以繼續給你自己……給你自己點頭（拉迪點頭）去經驗甚至更多發展中的舒服，因為同時在意識與無意識做一些事是很棒的。而你的手可以感覺到某些移動（拉迪的手動了）同時你的心可以探索改變，因此你可以真正地學習對你而言催眠經驗是什麼樣的，當你剛讓自己陷入一個舒服自在的催眠狀態……而接著拉迪，過一會兒，我將請你讓自己清醒過來，把自己帶回來。我要你瞭解，你可以完全地舒服地、舒服地自在地、自在地完全地，把自己帶回來。現在你可以將自己帶回這裡來。做一個、兩個、或三個輕鬆的呼吸。做一個、兩個、或三個舒服的深呼吸……然後伸展一下身體，將自己完全清醒地帶回來……完全地。

與學員討論：太好了！那是什麼樣的？

拉迪：我覺得很舒服，過了一會我就不太專注了。

傑夫：儘管用這麼死板的技巧！你可以聽到這些話語；你知道這些話語在那裡，但你無需專注於理解任何字詞的確切具體含義。多說一點。

拉迪：有一個感覺是我的肌肉鬆弛下來，而我的身體非常深層地放鬆。感覺好像我沒辦法撐住我自己。一開始我非常有意識。我知道你在同步我的呼吸速度。就好像兩件事同時在發生。

傑夫：好像兩個歷程同時發生。一個目標是幫助拉迪理解解離的經驗。我剛才做的是過度簡化的，因為我限制自己使用一種特定的技巧，這是在臨床工作時我絕不會做的事。但是這個方法可以在學習的目的下，與自願者一起練習。

當我與拉迪工作時，我使用了一個沒有彈性的技巧：我只使用九個解離陳述來做催眠引導。我提供一個接著一個的解離陳述。結果是拉迪停止聽我說話，因為內容並不重要。重要的是他對訊息意義的反應。

如果我將旋律變成一系列的聲音，它可能會是：

「你的意識可以發啦啦啦啦啦啦……，但你的無意識可以發啦啦啦啦啦啦，因為發啦啦啦啦啦啦……」

而「你的心可以發啦啦啦啦啦啦……，同時你的身體可以發啦啦啦啦啦啦，因為發啦啦啦啦啦啦……」

而「你的身體可以發啦啦啦啦啦啦……，而你的心靈可以發啦啦啦啦啦啦，因為發啦啦啦啦啦啦……」

使用兩極概念的旋律可以哄騙一個人進入解離的經驗。在隱含連結的層面，使用對立面可以創造**包含並除外**（a part and apart from）的感覺——「我在這裡同時我不在這裡。我正在聽同時我不在聽。不尋常的事情正在發生。」

對於拉迪，我限制自己只使用一種語言模式——解離陳述。催

眠目標是促進解離的現象。但那需要特別的技巧,通常需要使用不尋常的句型與文法。

如果一個人被指示:「向內聚焦」,這是一個容易遵循的指示。「更放鬆」也是。然而,如果一個人被指示:「解離」,那就不容易做到。它創造了一個「要自發」(be-spontaneous)的束縛。一個人如何能完成「要自發」的任務?因為如果一個人試圖要自發,他就是遵循指示;而根據定義,遵循指示就不是自發的。同樣地,如果你想要某人笑,就對他說個笑話。直接指示一個人經驗幽默是不會成功的。

當涉及解離,臨床工作者需要做些事來幫助病人誘發解離經驗。為了促進那個目標,我們需要不同的文法,一個如詩般的文法,來邀請個人擁有一個解離經驗。達成此目標的一個方法是使用解離陳述,它正是設計用來引發個人的解離經驗。但它是一個非社交的語言模式,不能用於一般日常的對話中。你不會在吃晚餐時對服務生說:「你的意識可以給我菜單,同時你的無意識可以真正感到有趣……關於你可以用什麼樣的方法讓服務非常令人愉快,因為這對我們來說都將是愉悅的。」

為了澄清對拉迪的引導練習中使用的方法,它被分解成解離陳述的組成:

拉迪,為了進入催眠,你可以只是讓自己覺得舒服。那很完美。你可以將雙手放在大腿上休息。非常好……而你可以就做一個深呼吸……而然後你可以再做一個輕鬆的呼吸……然後你可以……就這麼閉上你的眼睛……而你可以瞭解你有意識的心靈,也有無意

識的心靈……

1. 而你的意識可以聆聽我的話語，同時你的無意識可以慢下來……因為這麼做是如此有趣、如此愉悅……就花一些時間真正地慢下來……

2. 而你的意識可以注意到雙手的感覺，當它們在你的大腿上休息，而你的無意識可以探索其餘的……內在。這是你只為自己所做的……

3. 而拉迪，你的耳朵可以聆聽……聆聽我的話語，但你的身體……你的身體可以探索改變，因此你可以學習到更多的經驗，你發展催眠的經驗……

4. 而你左邊的臉可以它有自己放鬆的方式，肌肉改變了，同時右邊（right）可以有它自己的方式，真的去經驗其他非常愉快的改變，因為真正讓一切對你是正確（right）的，那是如此美好……

5. 而拉迪，你的雙腳可以放在地板上休息而你的心可以探索……探索空間與時間……那是如此有趣……如此好奇……

6. 而你的意識可以注意到眼睛周圍的靜止，但你的無意識仍然（still）可以探索得更深，內在深層的靜止（still）……用自己的方式自己的時間……

7. 而拉迪，你的身體可以學習同時你的心可以聆聽，或者你的心可以學習同時你的身體可以聆聽到某些發展中的改變……

8. 而你的意識可以注意到你正在點頭，同時你的內心可以繼續給你自己……給你自己點頭（拉迪點頭）去經驗甚至更多發展中的舒服，因為同時在意識與無意識做一些事是很棒的。

9. 而你的手可以感覺到某些移動（拉迪的手動了）同時你的心可以探索改變，因此你可以真正地學習對你而言催眠經驗是什麼樣的，當你剛讓自己陷入一個舒服自在的催眠狀態……

而接著拉迪，過一會兒，我將請你讓自己清醒過來，把自己帶回來。我要你瞭解到，你可以完全地舒服地、舒服地自在地、自在地完全地，把自己帶回來。現在在你可以將自己帶回這裡來。做一個、兩個、或三個輕鬆的呼吸。做一個、兩個、或三個舒服的深呼吸……然後伸展一下身體，將自己完全清醒地帶回來……完全地。

使用解離陳述，或任何形式的間接暗示，治療師想著現象學的目標，然後將目標包裝（禮物包裝）到其中一種間接暗示的形式中，例如雙重解離陳述或任何其他我們討論過的形式。

對間接暗示基本形式的討論，尚未開始涵蓋這個極其複雜的人類溝通領域中所有可用的各種排列。催眠文獻中充斥著暗示的其他例子。艾瑞克森醫師與羅西（1975/2008）辨識出治療性束縛與雙重束縛，震驚與驚訝都是間接暗示的形式。蘭克頓（Lankton）與蘭克頓（1983）注意到設計用以涵蓋所有可能選項的暗示。班德勒（Bandler）與葛蘭德（Grinder）（1976），卡羅·克肖（Carol Kershaw）（1992），麥可·雅普克（Michael Yapko）（1984），魯賓·巴提諾（Rubin Battino）與紹斯（South）（1999）以及比爾·歐漢龍（Bill O'hanlon）與麥可·馬丁（Michael Martin）（1992）的研究還提供了其他間接暗示的結構。

在治療師的處置中，這些禮物包裝微觀動力形式是不折不扣的獎賞，且應該被視為一種令人振奮的恩賜，而不是枯燥乏味的負

擔。形成暗示的多種方式幾乎確保了至少有一種形式可以有效地滿足個案的獨特需求。通常，不只有一種形式是有效的，並且無疑地，某些形式對於特定的病人是較為合適的。此外，治療師通常會圍繞一個特定主題堆疊許多暗示，使用不同的微觀動力形式以創造出一個正向聯結的優勢，從而「驅動」有效的行為（,Lankton & Lankton, 1983）。

有建設性的人類經驗是建構在聯結、感覺、想法、知覺、情緒，以及關係的複雜融合中的。單一暗示通常不會產生所欲的變化。治療師構建了一個融合體，結合了不同類型的多重暗示，試圖創造一個堅實但在美學上和諧的結構。

暗示過程中使用的溝通形式

至此，某些禮物包裝微觀動力學元素已經**在實驗中**（in vitro）得到檢驗，很明顯地，這些元素**在實際中**（in vivo）必須結合以創造出一個過程。想像單一的暗示有如單一個磚塊。磚塊必須結合成一個結構，且將磚塊結合在一起還需要水泥。這個三步驟程序要求臨床工作者設立個別介入措施、提出介入措施，然後跟進。有些語言形式有助於過程中的每一個階段。

有些形式在三個廣泛的領域特別有用：（一）作為前暗示（presuggestion）使用的形式；（二）在治療性暗示過程中使用的形式；（三）暗示後使用的形式。創造一個持續進行的過程是較為進階的技巧。以下簡化的討論是作為一種介紹，以引導讀者了解各種可能性。

▌（一）作為前暗示使用的形式

有三種形式通常被用來作為前暗示：1. 自明之理，2. 播種，以及 3. 失衡。這些技巧為後續的間接暗示鋪路。

1. 自明之理

在是的套組中，自明之理同時被用來同步立即經驗，並引發催眠和／或治療目標。自明之理也可以用來預示其他形式的間接暗示，例如假設前提或解離陳述。治療師可能會暗示：「你可以注意到你的眼睛是如何眨動的。」（自明之理）接著，「我不知道你的眼睛什麼時候可以開始閉上。」（假設前提）在這個例子中，自明之理先於假設前提，溫和地將注意力引導到眼睛上，從而設立了隨後的閉眼暗示。在提供其他形式的間接暗示之前，提出一個甚至一系列的自明之理；這種兩步驟程序，往往會提高對目標的反應性。同樣的，這也是序列性的喚醒式溝通。

2. 播種

播種是透過策略性地提供一個較早的暗示，來讓預定的目標活化。種子可以在預定目標之前提前呈現。社會和實驗心理學已經對播種的其中一種形式進行過廣泛的研究，它被稱為「促發」（priming）。想要進一步學習促發，可以上網頁 bargh. socialpsychology.org 查詢約翰‧巴（John Bargh）的研究。

播種活化了一個預定的目標，透過在先前的陳述中審慎地投放暗示，喚醒了一個表徵；就像推理作家在偵探故事的早期預示了破案的線索。那些已經知道結局的人很容易發現這些線索，而那些不

知道故事走向的人可以回頭看看,發現解答早已提前暗示。

同樣地,治療師透過策略性地播種目標來促發反應性行為(Zeig, 1990)。在未來最終的介入呈現之前,催眠或治療目標透過暗示變得有活力,並在隨後更容易、更有效地被誘發出來。播種建立了一個構造集,未來的目標可以從中被誘發出來。種子可以是直接或間接的。一個種子可以提前多久被提出來且仍然保持活性,目前沒有明確的指引。

作為播種的一個簡單例子:治療師如果事先知道她將向被催眠的病人提供放慢進食速度的暗示,可以在催眠引導的早期明顯放慢自己的說話節奏,來提示這個想法。或者,治療師可以透過語言技巧隱含同樣的目標,在催眠工作的早期階段說:「催眠的真正樂趣之一,是經驗到動作的韻律自動慢了下來,以便吸收事物,並感受到全然的滿足。」

播種被用在許多不同的藝術中:小說家使用伏筆、作曲家創作序曲、建築師創造入口通道。這個方法在歷史上被廣泛運用。但唯一將它運用在治療中的臨床工作者是米爾頓·艾瑞克森。

3. 失衡

心理困惑(psychological confusion)是一種無差別的激發(undifferentiated arousal)狀態。認為困惑可以被治療性地運用,可能看似極為不尋常,但這是有可能的。艾瑞克森醫師認為困惑技巧是他對催眠最重要的貢獻之一,部分原因是困惑可以破壞僵化集合的穩定性。

最簡單的形式中,困惑可以在具體暗示之前呈現,因為針對具

體暗示做反應，可以降低困惑帶來的無差別激發。舉例來說，一個很「硬」的困惑技術可以像這樣：「有許多記憶的方法，也有許多遺忘的方法，而那些你可以記得的遺忘和那些你可以記得要遺忘的記憶是不同的。而你可以真正忘記你記得的東西。但你可以真正地記得，那有多麼美好……就做一個深呼吸；閉上眼睛；同時開始了解內在的舒服。」

雖然對困惑技術的深入研究已經遠超出本書的範圍，但困惑不一定要像上面的例子那樣令人震驚或令人費解。「軟」（Soft）困惑或瞬間的失衡也同樣有效。失衡可以透過意外的行動或間接暗示來創造出來。軟困惑往往是間接暗示的副產品。此外，間接暗示中包含的模糊性是失衡的，可以引起無差別激發。當病人用意義為間接暗示注入活力時，這種激發就會減輕。此外，輕度的激發可以為隨後的暗示提供能量，使其更令人難忘。

在藝術領域，失衡是無處不在的。請記住，為了給音樂作品注入活力，需要有不和諧的聲音。不和諧只是一種失衡的和聲，它確保後面會有穩定的和聲。

（二）暗示過程使用的形式

暗示過程最常使用的兩種形式是：1. 連鎖（linkage）以及 2. 非口語與並行口語方法。

1. 連鎖

對等連接詞：而且、所以、然而、或者、但是，和從屬連接詞：既、當、彷彿、既然，把可能有關聯也可能沒有關聯的想法連

結起來。「你可以閉上眼睛，而且進入催眠狀態。」「而你的意識頭腦可以理解一些平靜的感覺，同時你的無意識頭腦甚至可以繼續發展出更多舒服的感受。」

當概念被連鎖在一起的時候，通過暗示，似乎發生了一種因果關系。電影製作者稱這種效果為蒙太奇。當第一個短語或子句對病人來說很容易完成時，第二個短語或子句便可以經由聯想得到加強。前面概念的容易性，給第二個較困難的暗示部分，帶來了同樣的光環。例如，「你正在聽我說話，而且你可以感到舒適。」在這種情況下，第一個子句，一個自明之理，同步了病人的狀態；而第二個字句則試圖引發催眠與治療目標。

連鎖既可以連接簡單的，也可以連接複雜的產物。艾瑞克森醫師會講一個長故事，然後立即轉入第二個看似不相關的故事，只需說個「而且」，就可以將它們連接起來。透過這樣的做法，他在這些故事之間建立起一種策略關係。

連鎖暗示創造了一個平滑、流暢的思想流，無論這些連結在一起的思想有多麼不協調。正式的、書面的論述性語言必須有標點符號，演講則沒那麼明顯。但在人類的思維和聯想中，思想常常以意想不到的方式融合在一起（Irena Sarovic，個人通訊）。我們頭腦中的聯想沒有標點符號或段落。催眠引導可以有效地成為一個長句子，因為它複製了思想、圖像和感覺無縫融合的內在經驗，沒有標點符號。當然，為了達到效果，可以使用停頓。催眠的語言經常起伏迭起，只由簡單的連接詞連接。這種概念化是艾瑞克森取向工作者全力以赴的方向，因為他們的心理治療是通過引導病人的聯想來進行的。

交響樂的結構也很類似。沉默的時刻（Fermata）很少，創造了一個無縫流動的音樂效果，引發了人們的情感。

一旦在引導階段建立起融洽的關係和反應性，大多數病人就會對非連續句、不合文法的句子結構、不合邏輯的結論和不協調的陳述，表現出很少的阻抗。如下面的例子中提出的，完全僅透過連鎖建立起的聯繫。在這個例子中，目標是誘發手臂飄浮——這通常是解離性催眠體驗的一種確信。這種不尋常的胡言亂語模式是策略性地設計出來，以引發內隱的反應。

你的手可以輕輕地放在腿上，而你可能會意識到一些移動的感覺，所以你可能會注意到實際的移動開始發生，但移動如何開始可以是你無意識力量的一個面向，為你提供有價值的學習，因為隨著移動的開始，可以有一個漸進的模式讓你感到有趣，因為你可以發現移動有個朝上的方向，因為當那隻手抬起並碰觸到你的臉，你可以做一個深呼吸，讓自己享受演變的舒適。

2. 非口語／並行口語方法

即使病人的眼睛是閉上的，催眠師也能鏡映（mirror）手臂漂浮，模擬出對病人期望的動作。艾瑞克森醫師在提供催眠時通常會露出期待的微笑，傳達出他對案主成就的喜悅，即使案主的眼睛是閉著的。這些細微之處常常會被病人感受到，從而增加了影響力。聲調、節奏、強調、呼吸頻率、臉部表情、韻律、距離和手勢的變化，都會影響暗示。

當然，使用非口語或並行口語技巧的整體目標是巧妙地增加溝通的影響力。

目標效果很可能更多是非口語和並行口語方法的產物，而不是口語的產物。為了進一步建立反應性，治療師傳達了一個隱含的訊息：「你可以對我的話作出反應。你可以對我話語的**意義**作出反應。你可以對我的並行口語方法作出反應。你可以對我並行口語的訊息**含意**作出反應。」

可以理解的是，非口語和並行口語技術很難在印刷品中被充分體會。建議讀者研究米爾頓・艾瑞克森和追隨者的錄影帶，以學習可以用在催眠和治療中的並行口語方法的各種形式。請注意，這些方法往往能調節體驗到的張力。催眠引導更像一首交響樂，而不是催眠曲；為了達到效果，常常可以調節張力程度。

（三）暗示後使用的形式

介入的力量可以透過後續的技術來加強，包括：1. 確認暗示，2. 附加問句，以及 3. 加上一個動機和／或綁定一個正向因素。例如，如果催眠暗示是在催眠狀態下聲音會顯得不同，那麼接下來的確認陳述可以是：「你以前可能從來沒有過如此鮮明的體驗。」

1. 以自明之理確認

確認陳述隱含地確認了先前暗示的真實性。治療師可以使用一個或一系列隱含「你的反應是正確的」的自明之理來確認。確認是一種後暗示技術，因為它強調了先前暗示的真實性；並且對病人可能不完全理解的反應，提供正向的強化。例如：「舒服地沉浸在這

種體驗中是很好的。而且，你可以注意到你的呼吸節奏如何變慢、變深了。」

2. 附加問句

附加問句可以加在幾乎所有間接暗示的最後。「你能注意到愉快的感覺，**不是嗎**？你不需要注意到所有的變化，**是嗎**？你可以……體驗發展中的個人舒適，**不是嗎**？」

這種平衡正向和負向因素的方法，可以被視為一種「壟斷（cornering）」技術。如前所述，它使反抗的病人更難想到對立的狀況，因為治療師已經把它帶到了表面。

3. 加上一個動機和／或綁定一個正向因素

在解離陳述的部分，已經討論過增加動機和綁定正向感覺的議題。動機可以在任何形式的直接或間接暗示之後使用；它們不僅限於解離陳述。再則，給一個人做某件事的理由是有助益的。治療師可以將動機與一個簡單的假設前提綁在一起。「你不知道自己什麼時候可以進入催眠狀態，**但那可以是非常舒服的。**」對一個焦慮的病人，這個保證則會是：「你不知道如何運用這些多餘的能量，**但那可以是有趣的發現。**」考慮下面的對話假設，它包括一個嵌入命令和一個非文法形式：「一個人能否……體驗到強烈的興趣，因為這樣做是很好的……**現在。**」

暗示手臂飄浮時，治療師可以說：「你的手可以碰觸你的臉，**因為**你可以作一個深呼吸然後感到真正的舒服。」或者，對一個憂鬱症的病人：「這個星期你可以享受散步，**因為它將會激勵你的孩**

子。」如同先前討論到的，最有效的動機應該針對病人的特質與價值觀量身訂做。

關於催眠語言

　　大部分的催眠語言形式是艾瑞克森醫師發明的，當時他正努力在他的病人身上引發「狀態」現象學的改變。艾瑞克森醫師並不會想著：「現在我要使用一個隱含原因」；而是知道他想要引發的目標現象學。他發明了隱含原因等形式，是因為它們能夠以較為解離的方式引發現象學反應。

　　艾瑞克森醫師知道他想要引發解離，因此他發明了解離陳述。他並不為它們命名，除非是他與合作者的研究，特別是恩尼斯特‧羅西（Ernest Rossi）。艾瑞克森醫師並不教導他的學生使用催眠語言。也許他認為，為語言形式貼上標籤，會限制實踐者的思維，而不再以病人特有的目標反應為導向。但對於初學者，分辨不同的催眠語言形式可能是有幫助的。

　　研究隱含的訊息如何引發「狀態」與目標反應，艾瑞克森醫師是在叢林中拓荒；他的闡釋者試圖建構一個關於他探險的適當地圖，將他所做的加以分類。他們指出：「這是解離陳述。」「那是隱含原因。」然而艾瑞克森醫師似乎是這麼想的：「什麼樣的現象學效果是我和病人想要的？」「病人現在在哪兒？而什麼是我們要努力的合理目標？」他創造出來的溝通形式，是為了引發目標現象學效果而發明的。

　　對於某些學生來說，從認知上瞭解所有的間接暗示形式，對學

習過程會有幫助。逐漸地，使用它們變得更加自動化，實踐者可以使呈現更加有效，也許加入更複雜的多層次形式。也許就像學習一項運動技能，把它分成幾個步驟。如果你學習美式華爾茲，你要先創造一個「盒子（box）」。隨著你增加舞步和手勢，舞蹈會變得更加複雜與流暢。

要記得的是，所有間接暗示的形式都只是禮物包裝。它們只是一種方法，將目標想法禮物包裝在一個迷人的包裏中，使病人得以發現核心的概念。病人活化了治療師溝通的經驗。在催眠治療中，似乎臨床工作者比（被動的）病人更主動積極，但催眠治療的藝術實際上培養病人的領悟。與流行的觀念相反，催眠「喚醒」了潛能。

使用催眠語言時，治療師可以像是提供一個禮物。決定了禮物，然後創造物包裝以增進禮物的影響力。每一個禮物包裝的催眠語言形式，都是為了特定的現象學效果而設計。

表 11-2 催眠語言形式與它們的預期現象學效果

1. 自明之理	引導注意力
2. 嵌入命令	引導注意力
3. 引述	引導注意力
4. 是的套組	引導注意力
5. 假設前提	改變強度
6. 解離陳述	促進解離
7. 雙重解離	促進解離
8. 隱含原因	引發反應
9. 會話性假定	引發反應

每種間接暗示形式的設計，都是為了引發隱含的反應。為了獲得表列中的現象學目標或任何治療目標，這些形式可以被調整。該表列出了每種間接形式的內隱設計中最常引發的目標。這九種語言形式的建構，是為了滿足催眠經驗中最核心的現象學目標。

催眠語言示範

下面的逐字稿是一次基礎工作坊中的示範。它是一個練習，我要求催眠對象艾文要保護自己，不要進入太深的催眠；因為它是一個我用來練習技巧的活動，而我不會全心聚焦在他身上。

讀者可以在此參與過程，嘗試正確地辨認出逐字稿中使用的催眠語言形式。

與艾文的示範：

你可以讓自己舒服然後閉上眼睛，如此……你可以開始經驗到一些催眠的舒服……而發現你可以，艾文，了解到對你而言催眠的舒服是什麼樣子的…而你可以對自己想著：「就是這個時候，就是現在，瞭解發展中的催眠。」……而你在這裡，而你在聽，而你在理解，而你可以……經驗到某些改變而讓你知道你正在發展催眠的舒服……而我不知道你可以如何發展更為迷人的舒服……但我知道你有意識也有無意識，而你的意識可以感覺當下身體的姿勢，同時你的無意識可以發展出讓你理解催眠舒服的姿勢……而你的耳朵可以聆聽當你的身體可以經驗催眠，或者你的身體可以聽當你的耳朵可以調整到你可以……如何經驗催眠。而當你知道你正在發展某些你自己的催眠舒服，然後你可以，閉著眼睛，看向你的頭頂上方，

很好，做一個舒服的深呼吸，然後真正地放下，如此你可以真正了解到某些放鬆和幸福更為深刻的感覺。

而真的很棒的是經驗更深沉的舒服……因此你可以，艾文，瞭解自己經驗到某種被稱為催眠的、非常有活力的深度舒服。因為我知道我經常告訴病人：「慢慢來……以適合你的方式體驗你催眠的深度。」而你的腳可以自在地在地板上休息，同時你的手可以舒服地在大腿上休息，當你的手可以自在地在大腿上休息，所以你可以真正地感受到催眠的舒服發展的經驗……而你可以繼續真正地享受個人舒服的深度……而你的耳朵可以聽，如同你的身體可以經驗一種深沉的感覺，對你而言深化的催眠經驗，是你為你自己所做的……而你的意識可以使用我的聲音同時你的無意識可以探索某些增強的感覺。或者，你的無意識可以使用我的聲音同時你的意識可以只是……探索某些增強的感覺。而因為你正坐在這裡，你可以再一次，就向上看，做一個輕鬆的深呼吸，然後讓自己真正地進入內在。很好，就是這樣。

而有些事要學；有些事要瞭解；有些事要記得；經驗的記憶……

例如：真的很好的就是回到內心，如此你可以以一種讓你感到愉悅的方式理解一種生動的記憶。而這真的是非常好，艾文，真正記得一個非常特別、非常愉悅的經驗。而你可以自己想著：「什麼經驗是我可以真正記得的，真正記得的，現在？」而你的身體有一種記憶的方法，而你的心可以有一種記憶的方法；而你的意識可以有它的記憶方法，而你的無意識可以真正地經驗特別的記憶。而我不知道什麼記憶是你的潛意識現在可以自在地享受的。但你的身體

可以放鬆同時你的心可以記得，因為這是你正為你自己所做的事。
而當你的意識可以學習，你的無意識可以重新體驗。而當你的無意
識可以學習，你的意識可以繼續讓那個記憶生動起來，發現到當你
開始鮮明地了解到特別的個人記憶，然後你可以，再一次，閉上你
的眼睛，往上看向你的頭頂，就做一個自在的呼吸，讓自己真正地
放下……

　　而接著我會給你一些時間，就安靜地在自己心裡……而然後，
艾文，你可以開始讓自己清醒過來，讓自己清醒過來，舒服而完全
地，完全而全然地，全然而自在地讓自己清醒過來，做一個、兩
個、或三個輕鬆的呼吸……就做一個、兩個、或三個輕鬆的呼吸，
然後帶自己回來全然而完全地，完全而全然地，精力充沛、充滿能
量，完全清醒過來，而你現在就可以做得到。嗨！

對話：
傑夫：好的，那像什麼？
艾文：那很好。
傑夫：我用了什麼技巧？
艾文：那不重要。我很享受這次的催眠。
傑夫：讓你感到有興趣的是你的經驗；你沒有分析我用的技
　　　巧。我用的技巧是拙劣的，因為它並沒有為你適切地量
　　　身定做。它只是為了練習和示範。（對團體說）即使技
　　　巧是缺乏彈性的，並不影響艾文經驗某些催眠現象的能
　　　力。當使用這些不尋常的語言形式，人們活化並拆開其
　　　中包含的禮物，以理解這些禮物包裝的想法可以對他產

生什麼個人意義。

對話：

艾文：我一直在不同的記憶裡跳躍。

傑夫：我真的沒有個別化或試圖深入接觸你。我是在應用一種
死板僵化的技術。我的方法不允許你充分體驗你自己催
眠的所有經驗參數，因為這是一種我可以應用於任何人
的技術。我可以從觀眾中挑選出任何一位，並使用同樣
的方法。我不是在處理你的經驗世界。我只專注於把技
術做好。

　　我用的技巧是依序走過表列中八種常用的催眠語言形式。（我
沒有教這個團體如何使用會話性假定。）我依序走過三次。第一次
我走過這個表，使用八種不同的技巧，禮物包裝了「進入催眠」的
想法。第二次我走過表中的八種技巧，我的目標想法是：「強化，
深化催眠經驗。」當我第三次走過這個表，我禮物包裝的想法是，
引發記憶強化的催眠現象——活化記憶。

　　以下是依序列出的八種形式：

　　（一）自明之理

　　（二）嵌入命令

　　（三）引述

　　（四）是的套組

　　（五）假設前提

（六）解離陳述

（七）雙重解離陳述

（八）隱含原因

這次的示範，我練習使用不同的語言形式，以改善我使用那些不同語言形式的能力。而且，儘管我使用死板的技巧，艾文依然能夠擁有催眠經驗。

還有一點：我使用簡單連接詞，例如：「而且」，「或」，「當」，以及「同時」，以強化過程。

綜上所述，這裡呈現出若干不尋常的溝通形式，這些形式通常被用來創造間接暗示。

病人不容易有意識地剖析這些形式。電影觀眾不會分析其結構。完形引發了效果。體驗藝術的人，實現了柯勒律治所說的「擱置懷疑」。

關於提出暗示的過程，已經提供了一些指引——如何設立、介入和跟進。學習催眠可以使治療師利用病人正在發生的反應，並藉由動態的過程加強這些反應。治療師必須策略性地呈現目標，並對如何最好地提出這個想法進行禮物包裝，以期增加有益反應的可能性。需要反覆強調的是，溝通的判准是它引發的反應，而不是結構的巧妙程度。在研究了催眠的一些微觀動力學之後，現在是時候把方向定在一個更大的結構上，在這個結構中可以插入一些要素。這個更大的結構，即 ARE 模型，構成了艾瑞克森取向引導的骨架。

| 第十二章 |

ARE 模式

　　儘管被稱為「引導」（induction），但催眠其實是被誘發而非引導的。催眠治療師設法建立出情境，讓病人可以帶出原先休眠中的催眠要素，包括注意力轉變、強度調整、解離、反應改變以及情境脈絡定義改變等等。這些要素間的某些合併組合，成為病人所呈現出來的催眠經驗。催眠治療師會結構出催眠引導語，以帶出使病人實現催眠要素的最佳可能機會。理想上應有一個具彈性的架構，因為那能讓催眠引導語根據當下獨特情境來量身訂做。因此這裡推薦——尤其是給新手催眠治療師——的架構，即為 ARE 模式。

　　ARE 模式的架構，是設計用來誘發催眠現象的各個面向。其中的 A，吸引（absorption）階段是特別設計用來誘發注意力、覺察與強度的改變。在吸引階段，催眠語言可以用來誘發進一步的目標現象。催眠語言的形式是精心設計且有策略地用來誘發催眠現象中的特定面向的；而催眠引導語的結構，則因此成為全息（holographic）且多層遞迴的。

　　在早期的全息攝影中，將雷射光照在經過特別處理的膠捲上，可以讓觀影者看到立體影像。膠卷上的訊息是多重的：無論將雷射光照在膠捲的何處，都可以看見相同的全息影像。

　　另一個隱喻是俄羅斯娃娃。一個娃娃套著一個娃娃，再套著一

個娃娃，再套著一個……。同樣地，用以獲致催眠現象的方法也遞迴鑲嵌在 ARE 結構，以及此結構運用的技術中。

ARE 模式

在艾瑞克森基金會提供的密集訓練課程中，布蘭特·季利（Brent Geary）與我教導一個三步驟的程序，這個程序提供了一個「舞台」，讓催眠的「道具」可以有計畫地擺設，並設計用以誘發催眠現象。若病人選擇與這些道具「互動」，便可以達到催眠狀態。這個讓催眠引導程序「布置」出的形式便稱為 ARE 模式：A 是吸引（Absorb），R 是確認（Ratify），E 是誘發（Elicit）。ARE 模式是艾瑞克森醫師架構一段催眠引導時經常使用的形式。這個模式是研究其催眠引導中收集得來。

臨床工作者可以依序使用 ARE 模式。首先使用特定的裝置與技巧誘發全神貫注的狀態：大部分是間接且朝向一或多種目標現象，通常是聚焦於引導注意力與調整強度。接著，在確認階段提供一個簡單的陳述，主要的目的是建立反應性。在誘發階段通常會更間接，因為其目標通常是建立反應性與誘發解離，而這兩部分皆可自發產生。

ARE 模式是個可以被充實的骨架，因而可以成為多向度且多元的。

▎吸引

可區分為吸引的裝置（devices）與吸引的技術（techniques）。

在該結構中，技術是用來支援裝置。

吸引→裝置→

　　　→技術→

確認

誘發

　　吸引的裝置可以是半傳統的，也可以是艾瑞克森取向。半傳統的引導裝置包括：專注在一個感覺、知覺、幻想，且／或催眠現象中。艾瑞克森醫師卻打破這樣的傳統，往往將一個自然出現的記憶運用為引導裝置。艾瑞克森取向其他的引導裝置包括：運用日常經驗創造全神貫注、順勢而為策略、序列引導，以及隱喻引導。因為本書的焦點是基本的技術，故僅會討論一些進階的方法。如同先前所述，艾瑞克森取向的方法有其獨特的特徵；催眠引導成為形塑治療議題的方法，而不僅是用來達到催眠狀態。

　　下面的清單包含了半傳統與艾瑞克森取向的裝置。越下方的清單是越進階的技術。

吸引→裝置→

• 感覺

• 知覺

• 幻想

• 催眠現象

• 記憶

- 日常經驗
- 順勢而為策略
- 序列引導
- 隱喻引導

基本吸引技術

為了更加瞭解如何運用吸引裝置，必須先提及在其中使用的吸引技術。有三種主要的吸引技術：（一）詳細地描述細節；（二）使用可能性的字眼；（三）用現在式說話。這三種主要的吸引技術有助於誘發個案注意力與強度的改變，它們是設置在個案舞台上的「道具」。當個案選擇使用這些道具時，他將經驗到現象的改變。讓我們看看吸引技術如何運用在第一種半傳統引導裝置——全神貫注在感覺中。

吸引→裝置→感覺

　　　→技術→主要（細節／可能性／現在式）

這是一個簡短的催眠實例，在吸引的語言中，運用溫暖的感覺當成吸引裝置。注意到細節在其中如何被呈現；也注意運用在其中的可能性語詞，包括「也許」、「或許」及「我不知道」。注意所有的語言都是現在式；也要特別注意，用來架構吸引階段的喚醒式語言形式。再次強調，這些方法的主要目的，是為了改變覺察與調整強度。然而，所運用的特殊句法也同時創造出其他「不穩定」的效果。

你可以讓自己感到舒適……同時閉上眼睛好讓你可以……專注在溫暖的感覺。也許你可以從專注在房間的溫暖開始……也或許你可以注意到雙手的溫暖……而我不知道你是否可以充分地感受手背的溫暖……也或者你會對手掌的溫暖更有興趣……注意到手指的溫暖也可以是種愉悅的經驗……同時開始瞭解到溫暖的感覺是如何開始發展……

吸引裝置

在吸引階段中，當以現在式描述細節與可能性時，催眠治療師便是有策略地往現象經驗進行著引導。透過吸引裝置與吸引技術，個案被鼓勵去改變覺察狀態，例如將注意力引導向內，並且經驗到事物變得更加鮮明或不鮮明。雖然吸引階段的設計是為了引發覺察與強度的改變，催眠治療師也可以在此插入帶來潛意識反應（implicit responsiveness）的解離暗示與影射潛。要注意的是，發揮作用的並不是催眠治療師的命令，治療師只是暗示了一些可能性，讓個案可以從中做選擇。為了經驗到被暗示的現象，個案採取了行動。當個案拼湊起所經驗到的各種現象的子狀態，催眠就完成了。

半傳統的吸引裝置讓個案投入於感覺、知覺、幻想或催眠現象中。在此建議初學者，在吸引階段宜選擇一個裝置，並停留其中。在討論過四種半傳統的吸引裝置後，接下來將呈現艾瑞克森取向催眠引導的另外兩種吸引裝置。讓我們先簡短地探索這四種傳統的吸引裝置，這四種裝置的組合是所有傳統、腳本式催眠的基礎：

感覺：

吸引→裝置→感覺

個案可以被吸引至任何一種詳細描述的感覺中，包括穩暖、涼爽、舒適，當然還有放鬆。這樣的探索可以基於事實，也可以出於想像，或是兩者的結合。先前關於溫暖的催眠引導，正是一個吸引至感覺的簡短範例。

知覺：

吸引→裝置→感覺
　　→知覺（內在或外在）

臨床工作者可以將個案吸引至內在或外在的知覺，真實或想像皆可。臨床工作者可以請個案閉上眼睛並想像某種特殊的形狀或顏色。或者，催眠治療師也可以詢問當個案閉起眼睛時看見的顏色或形狀，並運用此影像架構起催眠引導。再次強調，臨床工作者可以運用現在式，鉅細靡遺地描述細節與使用可能性陳述。以下是一個催眠範例：

你可以閉上眼睛，並且看向眼睛後方，去發現有如萬花筒般的顏色，而我不知道是否有哪個顏色、那個形狀讓你覺得最有趣，所以你現在可以真的專注在那個形狀與顏色上，並且發現它如何以一

種有趣的方式移動與改變……等。

個案也可以專注在外，例如引導個案睜著眼睛，聚焦在牆上某個點或房間中的某個物品。有些人可以在眼睛張開的狀態下投射出想像的畫面，他們可以想像牆上有某種形狀與顏色，即使實際上並不存在；有些個案甚至可以想像出更複雜的影像。艾瑞克森醫師有次為一個孩子創造出令人驚奇的引導：他讓那孩子鮮明地想像出會談室內有一隻小狗。

幻想：

吸引→裝置→感覺
　　　　→知覺
　　　　→幻想

幻想的引導通常建立在個案閉上眼睛之後。在最常見的幻想引導中，個案被要求想像身在海灘或走上一條小徑。然而任何幻想，包括神話的旅程都可以使用。當個案被吸引至幻想中時，便得以實現催眠現象。

為了無縫引導個案的經驗，幻想引導需要運用間接的暗示。此外，為了能持續監控並運用個案的獨特經驗，建議要與個案做頻繁的討論。

以海灘的場景為例，治療師可能暗示：「你可以閉上眼睛，並想像自己走在沙灘上……」接著，催眠治療師可以使用現在式，暗

示更多走在沙灘上的相關細節與可能性。

　　在提供幻想引導時，必需使用許可動詞與可能性的語言。為了瞭解這一點，讓我們看看一個糟糕的海灘場景幻想引導：「你可以閉上眼睛。你可以想像自己在海灘上。你正在沙灘上慢步。你感覺到溫暖的陽光。你感覺到涼爽的微風。你現在走進水裡。你現在躺在沙灘上……」為何這是一個低劣的技巧呢？因為我們沒有任何理由相信這樣的直接建議可以正確代表個案的生活經驗。

　　讓我們看看使用許可動詞與可能性的語言有什麼不同：「也許在這個時刻，你正躺在陽光下。或許你正走在海濱。也或許此時此刻，你可以看見海鷗飛過海浪上空。也許就是現在，你跳進了海裡，漂浮在水面上，感覺到身體的涼爽，以及在水中的浮力……等。」

　　在幻想引導的基本單元中，使用許可動詞例如「可以」、「能」，以及可能性的字詞例如「可能……」、「我不知道……」、「它可能是……」是非常重要的。如此一來，將可以更正確地反映個案的實際經驗。透過許可的暗示，個案可以被引導至某個方向，卻不至於感到被迫或侷限。當然，也可以與個案談話，並建立其反應。

　　當架構幻想引導時，提供解離經驗的機會是另一個很好的技巧。例如：「當你看著眼前的大海，你會在海平面上方看到什麼？」或：「當你看著天空，你會看見什麼樣的鳥？」若在幻想引導中與個案對話時，她表示她正在沙灘上漫步，臨床工作者可以加上：「當妳走在沙灘上，現在誰走在妳的身邊？」如此一來，臨床工作者便能讓以個案為基礎的解離現象，在幻想中被活化，也讓某

些事物在幻想的脈絡中自然發生（just happen）。

催眠現象：

吸引→裝置→感覺
　　　→知覺
　　　→幻想
　　　→催眠現象

　　除了用細節、可能性與現在式引導個案進入感覺、知覺、幻想的方法以外，臨床工作者也可以使用催眠現象當成引導裝置。

　　許多催眠現象可以用來當成引導裝置，例如手臂漂浮。艾瑞克森醫師運用手臂漂浮與年齡退化當成引導技術的例子，可以參考《跟大師學催眠：米爾頓・艾瑞克森催眠治療實錄》。

　　以下是一個使用手臂漂浮催眠現象當成引導裝置的半傳統引導。這是在一個基礎工作坊中，對此方法的示範。

哈利的手臂漂浮引導：

　　好的，在這個示範中，我要請你輕輕地把手放在大腿上，讓自己僅僅感覺到褲子的布料⋯⋯在此同時，你可以看著你的手，先是其中一隻，接著是另外一隻⋯⋯然後你可以⋯⋯慢慢地觀察你的手，並且注意到其中一隻開始想要⋯⋯飄起來。而你可以保持好奇，並發現哪一隻手與手臂想要抬起⋯⋯看起來是你的右手開始要抬起。然後，你的左手可以慢慢地放下。隨著你的右手與手臂開始

逐步抬起，你可以⋯⋯閉上你的眼睛⋯⋯好讓你可以專注在抬起時有趣且特殊的感覺上⋯⋯隨著你的右手抬起，你的左手臂可以慢慢放下並且⋯⋯感覺更為舒服地放在大腿上。而且，隨著右手慢慢升起，你可以注意到它以一種不尋常的方式抬起⋯⋯它以一種階段式的方式抬起⋯⋯隨著右手升起，左手可以繼續放下且放鬆⋯⋯同時你可以開始發現你的右手與手臂想要繼續抬起，慢慢朝向你的臉頰，而當你的手碰到你的臉頰時，你可以把它當成一個個人訊號，讓你可以享受，哈利，享受這個催眠更加舒適的發展過程⋯⋯而你可以探索這些愉快的感受升起；而你可以享受這些愉快的感受升起；而你可以經驗這些愉快的輕盈感受，所以你真的可以繼續欣賞你內在自我引導的力量⋯⋯然後學習這些真的可以幫助你，更明白自己進入催眠舒適的潛力⋯⋯而你可能會注意到有些動作的感覺很特別，包括手指可以翻轉，你的手腕可以感覺到那抬起⋯⋯同時有些不同的動作，因為你可以讓你的頭一直往後（哈利動了他的頭），並且發展出更多催眠的感覺⋯⋯而你可以發現一些有趣的事；而你可以學到一些有趣的事；而你可以經驗到一些其他有趣的事，就是即使你想要用右手碰觸你的臉，你的右手在某個時刻似乎卡住了，彷彿你的右手變得有點麻木，並且無法再繼續移動⋯⋯而知道這是種有趣而好玩的感覺⋯⋯並且注意你的右手與手臂是以什麼樣的方式感覺卡住的。這可以是帶有一點情緒且不尋常的。但你可以發現當你的左手與手臂開始升起⋯⋯而且當你的左手碰觸到你的右手時，你的右手可以變得自由並且繼續它的旅程⋯⋯而發現右手想要以這樣的方式移動時，你真的可以擴大自己發展出來的舒適感受⋯⋯並且當你的手和手臂持續經驗這樣的輕盈與漂浮時，

非常有趣，你的身體可以真的享受某些舒服的感覺……而你手指的不同姿勢，你雙手不尋常的位置，你某種失去方向的感覺，不知道你的手與手臂在空間中的哪個位置，以及期待的愉快感受；就好像當你的手，你的左手碰觸到你的右……差一點點，但是還沒，差一點點……很好……然後右手可以繼續它的動作且發展出舒服的感受……而當你的左手升起，你的右手可以再次降下，所以可以有那樣交替的動作……而你的手腕彎曲的方式以及你的右手臂升起的方式可以繼續。很好，就是這樣。而這樣逐漸的移動，就像你剛才讓自己做個輕鬆的呼吸，並且更加享受這種個人的舒適感。而瞭解到你正在經驗，而你正在學習某些寶貴的東西，關於你個人內在進入催眠的潛力。而你不需要特別去注意到，你的呼吸頻率已經改變了；你的吞嚥反射改變了；我從你的脖子上看到你的脈搏已經改變了。差一點點，但是還沒……很好……這可以是種非常愉快的經驗，非常愉悅的經驗，當你的雙手互相連結，當你的手碰觸到另一隻手，而你做個輕鬆的呼吸並且完全放下……如此愉悅，如此有趣……而再一次地，哈利，那不像平常你碰觸自己的臉，而且……讓你的雙手輕鬆地回到腿上休息……而認識到當右手讓它自己放下休息且與腿上的布料接觸時，你可以開始重新定位自己，開始把自己帶回來。你可以做一個、兩個或三個輕鬆地呼吸把自己帶回來，把你自己完全地帶回到此時、此刻，完全在此地。做一個、兩個或三個輕鬆地呼吸把自己帶回來，同時張開眼睛，感覺到完全地休息、完全地煥然一新，充滿能量且完全清醒。嗨！

感覺如何？（與哈利對話並繼續課程）

運用手臂漂浮有許多優點，其中之一是讓個案從開始便立即經驗解離現象。如果治療目標是誘發解離經驗（例如疼痛的處理），從手臂漂浮開始，便可以為將來建設性的解離經驗鋪設良好的道路。

傳統的催眠引導包含前四種引導裝置的某種組合。在引導後，可能會有深化的方法，接著引領至某個具挑戰性的暗示（如同第七章關於傳統催眠的說明）。相反地，艾瑞克森取向的催眠引導可能會接著進入確認階段。在呈現另一種艾瑞克森學派的吸引裝置前，將先討論確認階段，以及如何導入誘發階段。

對所有的艾瑞克森取向治療師來說，確認並不是個單獨使用的階段，而是運用在幾乎所有催眠引導中的步驟。艾瑞克森醫師經常使用確認以促進內在的反應性，而「確認」便是基於我從他身上學習到的這點。

▌確認

在確認階段中，催眠治療師使用一系列簡單的陳述來確認催眠狀態。這可以透過反映出個案隨著吸引過程產生的改變來達成。注意在確認階段，催眠治療師不再描述可能性，而是描述事實。在確認階段，臨床工作者不再使用可能性的語言，而傾向使用過去完成式。催眠師透過以下句子（我從艾瑞克森醫師身上學到，且已經在生涯中使用過無數次）引入確認階段：

當我對你說話一段時間，有些改變已經發生了……

在這個句子之後，列出從吸引階段開始到確認階段開始之間，已經發生（或很可能發生）的改變。臨床工作者此時要能顧及個案呈現出來的催眠元素組成，並以簡單的直述句反映回去。舉例來說：

當我對你說話一段時間，某些改變已經發生了。

你的呼吸頻率改變了；

從你的脖子我可以看到，你的脈搏頻率改變了；

你的吞嚥反射改變了；

你的肌肉張力改變了；

你的身體感覺可能有些不同；

我的聲音可能感覺變得比較近。

一般而言，主要會聚焦在個案全神貫注時，顯露在外的行為改變；然而，也可以運用某些很可能會發生的經驗。

記得，這些確認陳述的意涵才是重要的。在這樣的引導脈絡中，有三個主要的意涵：個案正在回應、這些回應是「催眠性」的轉變，以及這些改變代表個案正確地經驗到催眠的發展。上述催眠徵象的組成清單正是經常被確認的行為。

接續確認階段之後，治療師便開始啟動誘發階段。在誘發階段中，治療師奠基於艾瑞克森學派催眠的「R & R」：誘發反應性（Responsiveness）以誘發資源（Resources）。其中解離既可以是反應，也可以是資源。

▍誘發階段

吸引

確認

誘發

在誘發階段共有三個面向，以下將依序討論：

（一）誘發解離

（二）誘發反應

（三）誘發資源

解離

解離可以透過暗示技巧誘發。舉例來說，催眠治療師可以這麼做：「對你來說，可以感覺自己像是個沒有身體的心智，漂浮在空間、漂浮在時間中。」艾瑞克森醫師在確認個案進入催眠狀態後，經常使用這樣的暗示。此外，解離陳述也可以自由穿插。不僅如此，解離也可以是誘發催眠現象過程中的副產品，包括手臂漂浮、僵直、正性與負性幻覺等主觀經驗，都或多或少奠基於解離。誘發催眠現象會促進解離經驗，因為解離是每個催眠現象的組成部分。

加入解離經驗，使個案可以在某種「只是發生」的形式中實現解離，並且／或同時經驗既「身處其中」（part of），也「與之分離」（apart from）。解離也是潛意識反應的基礎。

此外，除了加強現象學催眠目標的發展，解離也是後續現象學與治療發展的平台。因為這本書是關於催眠引導的基礎，深入探討催眠的治療意涵超出了本書的範圍。然而，想想多數的心理問題：解離是根本。心理問題是奠基於解離。個案會抱怨：「我的憂鬱就

這樣發生了。」或某個體重過重的個案可能會說：「我看著我的盤子，發現它已經空了。」或某個已婚者會哀嘆：「我不知道怎麼回事，但我忽然開始對另一半大吼大叫。」

換個角度來看解離，會發現資源也是解離的。某位病人可能在生活的某個領域擁有卓越的技能，但在其他領域完全喪失。一個人可以在運動領域積極進取但在社交領域被動退縮。告訴個案「既然你可以在生活的某個領域主動積極，就可以將之運用在其他領域」是無效的；事實上，個案與他的資源解離了。治療師可以引導個案自發地與他的資源連結，並建設性地運用。

因為問題與資源皆依憑在解離的平台上，有建設性地使用解離便可以成為解決的平台。個案可以突然發現隱藏的資源，並引領至更有效的因應或改變。因此，在這個階段中，解離既是用來強化催眠現象，也是用來接軌至治療應用。

反應性

接續著誘發解離之後，治療師繼續發展反應性。這裡有個艾瑞克森醫師的例子：在吸引階段後，他對一位病人說：「當我接下來說『現在』這個字的時候，你可以閉上你的眼睛……現在。」為了誘發個案對於非預期暗示的反應，治療師透過外顯與內隱的指令建立起個案的反應。催眠的一個主要目標，便是建立積極回應的合作氛圍。就如同俗話說的：「愛在生命中永遠不嫌多。」潛意識的內隱反應在催眠治療中永遠不嫌多。在催眠引導的這個階段，可以發展出對隱含暗示的反應性。

記得，發展反應性就像是敲敲個案無意識的大門。當個案針

對隱含的指令做出隱含的回應，亦即觸及無意識的歷程時，彷彿個案正在對你說：「歡迎來到我家，我很樂意請你幫忙我重新安排傢俱。」

有許多方法可以發展反應性。臨床工作者可以混合穿插各種設計用來誘發反應性的催眠語言，也可以策略性地誘發催眠經驗與催眠現象。當然，這也是臨床工作者通常探索並運用個案抗拒的階段。

資源

當治療師誘發出反應──特別是針對最小暗示的反應──後，「催眠引導」的歷程就結束了。誘發資源已經進入催眠治療的範圍。建立反應性優先。再次地，催眠引導將持續，直至個案與治療師皆發展出對隱含心理層面訊息的最大反應能力為止。催眠引導的主要目的是為接下來的治療設置好舞台。如果治療師想要使用心理層面的技巧──例如隱喻、軼事或象徵──來幫助個案誘發改變的現象，那麼催眠引導時便可透過間接誘發心理層面的反應來鋪路。

一般而言，治療師可以使用軼事或隱喻這類間接技巧來刺激出個案原先休眠中的資源。舉例來說，一個患有特定恐懼症（像是懼怕飛行）的病人，極可能擁有許多資源，讓他們可以在別人感到困難的情境中覺得自在。比如說，他們可能是很好的演講者。治療師的工作通常是運用催眠治療「喚醒」個案，且讓個案經驗性地獲取休眠中的資源。在這樣的狀況下，個案可以運用內在的資源來解決或因應使他們前來求助的問題。

現象學

　　催眠治療中包含四種現象學：問題的、催眠的、解決的、臨床工作者的。在治療的評估階段，臨床工作者要判定個案的特定症狀現象組成。考量一個呈現出憂鬱的病人：憂鬱可以被視為一個現象經驗，其中的組成包含注意力聚焦內在、負面性、活在過去、不活躍、無望、缺乏喜樂，以及缺乏有意義的目標等。

　　在催眠引導中，治療師建立起新的現象：催眠現象。這個催眠現象合併了注意力、強度、解離、反應，以及脈絡定義的改變。我們可以這麼理解：若病人可以轉變現象一次，就可以朝更積極正面的方向轉變第二次。

　　在催眠的治療（誘發資源）階段，治療師努力幫助個案建立起問題解決的現象。舉例來說，快樂的現象，或「與憂鬱相反」的現象，包含了較為外在聚焦、積極正面、有活力、有希望，以及有建設性與未來導向的目標。所有的憂鬱病人都曾經歷過這些現象成分，也不需要外在的指示來完成這些現象成分。催眠治療師努力喚醒這些休眠中的成分。記得，社會介入的有效原則是：「不要處理類別，只要誘發成分。」當誘發出組成成分時，病人會自行創造出類別。

　　臨床工作者的現象可以影響生生不息的改變。臨床工作者可汲取的彈性「狀態」對於療癒的過程有相當的幫助。

　　依據這樣的概念，催眠引導可以視為「問題大陸」與「解決大陸」之間的橋樑。病人在「倒檔」的狀態中進入治療，迷失在問題的現象中，無法前往解決大陸。接著，催眠治療師誘發現象的組

成，讓病人可以經驗性地轉換到「空檔」，也就是催眠的狀態。然後治療師幫助個案經驗性地誘發「一檔」，也就是改變或良好因應的面向。而剩下的那些「檔位」則加速個案獲得更大的滿意感，同時增強他們運用原本休眠的資源的能力，來改善生活。

關於催眠有個令人好奇的悖論。它通常被認為是要讓人昏昏欲睡，哄騙讓人進入失去覺察的狀態；然而，催眠真正的本質是喚醒人們休眠中的潛能。在催眠引導中，治療師努力喚醒各個層面的催眠現象；在治療中，臨床工作者努力喚醒資源。

我們已經解釋完艾瑞克取向催眠引導歷程的各個層面，現在讓我們回到吸引裝置的部分，並且加入兩種艾瑞克森取向的觀點。我們將探討全神貫注於自發的回憶，以及創造自由形式的引導。

傳統與艾瑞克森取向的吸引策略：

吸引→裝置→感覺

　　　→知覺

　　　→幻想

　　　→催眠現象

　　　→自發的回憶（艾瑞克森取向）

我第一次拜訪米爾頓‧艾瑞克森之前所受過的訓練，便已涵蓋了部分艾瑞克森取向的方法，但主要專注在半傳統的技術。一開始，我無法理解艾瑞克森醫師為何會在催眠引導中使用平行溝通的方式，陳述一個常見的童年記憶。當我第一次聽到艾瑞克森醫師以「早期學習套組」這種自發回憶當成催眠裝置時，我心想：「這

不是催眠。」當時我認為催眠是請個案盯著牆上某個點，並且說：「你的眼睛覺得越來越沉重，而且它們即將要閉上。」後來，我才明白艾瑞克森醫師從傳統的引導模式中創造了躍進。

接下來是一段艾瑞克森醫師「早期學習套組」的催眠引導演繹，我是在新加坡的基礎工作坊中，以團體引導的方式進行。我將會討論，將自發回憶的運用當成吸引裝置，為何有其獨特的優勢。

▌早期學習套組：團體引導示範

這段催眠引導是在新加坡某場基礎工作坊的第二天進行。引導的目的是為了示範如何在 ARE 模式中運用自發回憶。這是一段艾瑞克森醫師的「早期學習套組」的引導演繹，其中做了部分增添與修改。

好，現在讓你自己感到舒服，而你可以讓你的雙手輕鬆地放在大腿上，保持一個開放的姿勢。你可以用一種方式靠近（closing）你的內在……並且閉上（closing）你的眼睛。而當你閉上你的眼睛進入內在，我可以喚起你一些事情……當你第一次去上學，學習字母與數字是非常困難的任務……而當你第一次學習英文字母以及數字，那是極度困難的任務。那些彎彎曲曲的小寫字母與大寫字母：像是「d」、「b」還有「p」，要把直直的線放在圈圈的什麼位置？你有沒有把〔i〕的點和〔t〕的線搞混？「n」和「m」各要畫幾個彎？2 和 5 是互相顛倒嗎？3 是站起來的「m」嗎？

然後，老師出現了……而老師可能會對你說：「輕輕地移動。讓你的動作流動。專心在你正在做的事情上。保持在線上。慢慢練

習，你會做得越來越好。」慢慢地、逐漸地，即使你並沒有意識到，你建立起字母和數字的心智與視覺圖像。而那些心智與視覺的圖像儲存在數以千億計的腦細胞裡，並且在往後的人生中持續伴隨著你。

而當我對你說話一段時間，某些改變已經發生，你的身體把自己調整成休息的狀態。你的呼吸頻率改變了；你的脈搏改變了。你的身體感覺可能有些不同；比如你的雙腳可能感覺離你的頭比平常更遠，或是你的左邊肩膀感覺離右邊肩膀比平常更遠。

然後，對你而言可能不知道為什麼……不知道為什麼進入一種空無（nowhere）的中心，只是一個智慧處在空無的中心，沒有上與下，也沒有右邊（right，或正確）與……錯誤，在空無的中心……而這樣的感覺可以真的非常好，好到讓你自己輕輕地吸一口氣，並且真的體驗自己處在空無的中心……而不知道為什麼，無論你進入到空間，進入到時間，我的聲音將伴隨著你。而你可以經驗……經驗到我的聲音處在空無的中心……而你的感覺，非常有趣，非常令人好奇地……而你的回憶，非常令人好奇，非常有趣地……記憶可以連結到學習書寫字母的作業。而當你感覺到越放鬆，你就越容易記起。而當你越容易記起，你就越容易徹底地經驗這樣的回憶。

而對你而言可能不知道為什麼……不知道為什麼這些記憶可以變得栩栩如生，所以你可以……真的經驗到學習書寫字母的回憶……而我將保持安靜一小段時間，讓你可以真的進入內在，而你可以舒服地探索……而你可以真的記起……記起你的身體與心智在空無的中心，享受這些難忘經驗的能力……

接下來，再過一段時間，我將會請你把自己帶回來。再一段時間，我將會請你完全重新定位自己……而我希望你明白，你可以自由地將這些難忘的經驗帶回來……現在重新將自己帶回這裡來，充分、完全地回到此時此刻，你可以做一個兩個或三個輕鬆的呼吸……輕鬆地做一個兩個或三個呼吸。然後溫和地伸展一下，並且把自己帶回來，完全的放鬆且充滿活力，全身上下完全地清醒。嗨！

在這個催眠引導中，吸引裝置便是一個自發回憶。這個方法使用現在式描述學習書寫字母與數字的細節與可能性，並藉此誘發全神貫注的狀態。但為何這樣能優於傳統的技術呢？

▌運用自發回憶的優點

運用自發回憶至少有以下四種優點：

（一）催眠引導是一種方法，而不僅是手段。

考量一下最終目標。為何我們最初要運用催眠？欲誘發的目標為何？我們想要誘發出能幫助人們改變或有效因應的資源。那麼，資源在何處？……當然，在記憶中。若想要誘發並重新連結起具有建設性的治療記憶，提供催眠引導，幫助個案喚起早已忘記但卻可回復的記憶，並藉此重組實現出一個建設性的改變「狀態」，是非常有利的。同時在催眠引導的情境中，這也意味著達到催眠狀態。

艾瑞克森醫師的引導取向，在催眠歷史中代表一個發展躍進。他將催眠引導帶入一個從未被探索的方向。催眠引導成為一種導向

未來治療的方法，甚至是傳遞治療的方法。催眠引導不再僅是用來進入催眠；催眠引導預示且催生後續跟隨的治療，催眠引導是治療得以傳遞的脈絡。

在艾瑞克森醫師之前，催眠引導是獨立於治療的。在傳統的操作中，你先執行催眠引導，接著才執行治療。催眠引導只是用來進入催眠，卻與接下來的治療毫無關聯。催眠執行者可能呈現一段催眠引導，使病人盯著一個點並放鬆下來；接著，他再提供與催眠引導毫不相關的治療性暗示。

艾瑞克森醫師提供了與後續治療呼應的催眠引導。他有策略地思考，讓治療順著催眠引導接續下去，使治療始於催眠引導。這就如同你在穿衣服時會搭配服裝——你不會穿圓點襯衫搭配格紋褲，那看起來就是不對勁——你會希望看起來協調。若治療涉及提取資源，那麼催眠引導便與記憶有關。

除此之外，這樣的做法還有一些治療上的益處。

（二）增加活化

「早期學習套組」引導相較於傳統的催眠引導，誘發出更多的活動，因為這是個平行溝通歷程。這是個多層次的溝通，而接收者必須主動發掘個人意義。「為何他要談起這個記憶？這對我有什麼意義？這對我的問題有什麼必要性？這對催眠有什麼必要性？」個案必須要拆開表面上的內容，以發掘隱藏在其中的面向。多層次溝通增加了溝通的密度，當溝通的密度越大，接收者越需要主動將訊息個人化。詩是高密度的溝通，電影也是。包括催眠語言的各種要素，都可以鑲嵌在「早期學習套組」的結構中，以提高其密度。

（三）播種

另一個關於「早期學習套組」引導的多元面向是，未來的目標可以隱微地播種在催眠引導的前期階段。再次強調，播種是直接或間接提及未來目標的方式。

所有偉大的劇作家都預示著戲劇的走向。劇作家契柯夫（Chikov）曾經打趣地說，若布幕升起時有把槍放在壁爐上，在第三幕時必定有人會遭槍擊。

偉大的作曲家會在序曲中種下主題，就像華格納（Wagner）在歌劇中的安排。貝多芬（Beethoven）整首第五號交響曲，便是種下一個主題，接著不停發展變化。這樣的方法能讓我們的耳朵感到愉悅。

在社會心理學中，關於促發的研究數以百計，演示出促發如何激起心理表徵，並驅動特定的行為方向。我相信艾瑞克森醫師在治療中運用播種，是因為他博覽群書，瞭解到若預示的技巧可以有效地被大文豪莎士比亞（Shakespeare）或大導演史匹柏（Spielberg）運用，必然可以被他運用。

舉例來說，若接下來的治療目標是關於自我肯定，那麼關於有力的筆觸便可以鑲嵌在「早期學習套組」的催眠引導中。若接下來的治療目標是關於適切的感覺，在催眠引導中便可植入關於適當書寫字母的概念。

（四）它是一種對話

「早期學習套組」引導是自然且對話式的。同時它也是沒有威

脅性的，所以可以降低阻抗。它不強調虛張聲勢的吊墜與催眠術的傳遞。催眠引導的歷程在表面的歷程中被淡化，並且在隱藏的歷程中被強調。活化被催眠的個案才是最重要的事。

自由形式的引導

艾瑞克森取向還有非常多種吸引策略可以用來發展催眠引導，但接下來我們將只再討論一種：運用日常生活經驗創造催眠引導。

艾瑞克森取向的吸引策略：日常生活經驗

吸引→裝置→感覺
　　　　　→知覺
　　　　　→幻想
　　　　　→催眠現象
　　　　　→自發回憶（艾瑞克森取向）
　　　　　→日常生活經驗（艾瑞克森取向）

當臨床工作者精熟於誘發現象學效應（催眠引導目標）之後，便可以創造自由形式的引導。不同於盲目的記憶或運用腳本化的技術，治療師可以談論對個案有意義的內容，或是有助於後續治療的內容。治療師暗地裡努力，誘發出催眠現象。只要臨床工作者瞭解催眠引導的目標以及催眠語言，便可以量身訂做出方法，而不再需要腳本。以下是個例子：

運用個案的價值進行自由形式催眠引導：示範

接下來這段催眠引導是在新加坡的基礎工作坊中進行的，目的是為了示範如何創造出一段催眠引導：一方面訴說著某些個案重視的事物，另一方面訴說著催眠現象，以將之誘發。注意各種不同催眠語言的穿插運用，用以增加現象學效果的可能性。

傑夫：OK。告訴我你平常喜歡做的事……你的嗜好與興趣。

隋：我喜歡閱讀。

傑夫：你喜歡閱讀？你有沒有特別喜歡什麼類型的書……懸疑故事、非小說？

隋：懸疑小說。

傑夫：OK，太好了，懸疑故事。若我們現在開始學習關於進入催眠狀態，你可以嗎？那麼，用你現在坐著的姿勢，你可以閉上眼睛因為，隋，你已經有這樣的經驗，例如，讀一本書的經驗。而當你讓自己舒服地坐著且往後靠，它可以是如此令人愉悅地，開始一個新的故事，打開一個新的章節，打開一本書，你可以感覺到手握著書的感覺，或者甚至可以吸入……墨水的氣味……感覺書頁……的觸感質地……然後你可以開始讓自己沉浸其中，並且真的全神貫注在故事中……而也許當你只是坐著……愉快的……你打開一本非常有趣的懸疑故事……而你可以坐在家裡，一個人待在家中……當你坐著且開始變得全神貫注……被懸疑的故事吸引……你甚至不會

注意到你正在翻書頁……你甚至不會注意到你的身體是舒服且放鬆的……你只是如此好奇地專注在故事中，等著發現……發現接下來會發生什麼事……然後，也許有些風扇的聲音；也許有些人在房間裡活動；也許有翻開下一頁書看看接下來發展的觸覺……而你甚至真的不需要注意到這一切，因為你可以如此愉快地沉浸在懸疑的展開……如此美好地沉浸在懸疑的展開……而時間似乎可以改變，時間似乎可以走得如此不同。然後，你全神貫注於故事與章節的演進，而當你讓自己繼續沉浸在其中，那些畫面浮現在你的腦海，在家裡，舒服地在椅子上，讓你自己變得更加著迷於這樣懸疑開展的閱讀經驗。而突然間，當你沉浸其中時，有個敲門聲，是誰進入了你的空間？你花了一點時間……你可以花點時間停下來交談，並且知道誰進入了你的空間……那是 OK 的也是有趣的，然後你可以回到翻書頁的過程……而你甚至沒有意識到你的眼前有字，因為你是如此沉浸在閱讀中而且你可以發現……發現，隋，當我對你說話一段時間，某些改變，改變發生了，你的身體把自己調整成休息的狀態。你的眨眼頻率也出現了有趣的改變，那些眼睛周圍顫動的感覺。你的呼吸改變了，頻率轉換了。還有一些不尋常的放鬆感覺，以及你的手臂……就像是你不費力地拿著書……如此不費力，當你沉浸在閱讀的過程中。還有，你頭移動的方式改變了，所以你可以低下頭並且更加沉浸於這個經驗中。這種平靜的感覺，如此

有趣……而那些令人好奇的感覺，那些感覺不知道為什麼，你只是……只是一個巨大的智慧，只是漂浮在空間、漂浮在時間中的智慧。而那些時間與空間可以變得如此不重要，因為，隋，最重要的是你正在發展一種舒服……而再過一會兒，我將會請你把自己帶回來，我將會請你重新定位自己，而且你知道自己可以將這些舒服的感覺自由地帶回來……欣喜地知道這些舒服的感覺可以持續，至少……在今天中持續好幾個小時。好的，把你自己充分且完全的帶回這裡，你可以做一個兩個或三個深呼，吸並且把自己帶回完全地清醒。嗨！

討論

當我和隋工作時，我運用了平行溝通。我談論著閱讀一本書的社會層面；而在心理層面，我散佈了許多可能的入神現象，包括引導注意力、轉變強度、解離，以及隱含的反應。當我談論社會層面時我使用一種音調，而當我談論心理層面時，我使用另一種稍微調整過的音調。

然而，僅是仔細地選擇吸引裝置仍不足夠，臨床工作者需要能誘發目標現象的最佳吸引技術。

選擇吸引方法

在催眠引導中需要仔細選擇使用的吸引裝置，因為那對於誘發催眠現象或／且治療目標可以有策略性的意涵。

有經驗的臨床工作者不會憑運氣選擇吸引裝置。相反地，個案與環境的特性、催眠引導與隨後的治療目標都被仔細考慮，以選擇適合的吸引裝置。若個案有學習障礙，「早期學習套組」便不見得適合。

　　雖然沒有硬性規定，但是某些原則仍可以運用：若臨床工作者想要跟隨個案的經驗，那麼便選擇與個案價值有關的裝置。如果個案很有想像力，則可運用幻想。如果個案較為視覺導向，則可運用較為知覺性的裝置。

　　有時候，選擇與個案優勢相反的吸引裝置也可能是最佳策略。臨床工作者可能因為各種原因，有策略地為高度視覺化的個案選擇感覺當成吸引裝置；其中一個原因是創造出差異感。催眠狀態需要和基準行為有差異；如果過於相近，個案可能無法感覺到獨特性。

　　吸引裝置的選擇策略還有其他形式。可以根據隨後的治療來決定吸引裝置的選擇。這樣的想法對於新手來說可能過於困難，然而臨床工作者能越快理解這樣的方法越好。實踐這種方法是讓艾瑞克森取向進步的必要條件，因此選擇引導裝置便十分重要。

　　當一個憂鬱個案的治療目標是朝向更為活化時，催眠引導便可選擇朝向某種行動。若治療師準備分享一個關於鳥的治療隱喻，便可以運用牆上一幅有鳥的畫，並且讓個案將視線固定其上。若治療希望讓個案在社交關係中感覺到溫暖，吸引裝置便可以引導至溫暖的感覺中。治療師可以在吸引階段間接暗示接下來的介入，以將所希望進行的治療播種其中。這樣的鋪墊可以增加個案對治療目標的反應性。這個原則是清楚的：有策略地使催眠引導與接續的治療前後呼應。

吸引階段是一個機會，能提供非預期的治療建議。吸引階段不僅僅是用來建立催眠狀態，它同時也可以是治療的方法。透過這種將技術「加倍」與運用「濃縮溝通」，臨床工作者提供出豐富的多層次矩陣，可以同時完成催眠引導與治療目標。我們現在可以回到催眠語言並且將之放回更大的脈絡中：

催眠語言：
吸引→裝置→
　　　→技術→主要：細節、可能性、現在式
　　　→（催眠語言）

組成催眠語言的間接技術，還可以進一步插入催眠引導的模式中，以促發現象學的目標。舉例來說，催眠的「溫暖引導」可以修改成這樣：

你可以讓自己感到舒適……同時……閉上眼睛好讓你可以……專注在溫暖的感覺上。也許你可以從專注在房間的溫暖開始……也或許你可以注意到雙手的溫暖……而我不知道你是否可以充分地欣賞手背的溫暖……也或者你會對手掌的溫暖更有興趣……注意到手指的溫暖也可以是種愉悅的經驗……同時開始理解溫暖的感覺是如何開始發展……而你現在可以感覺到雙腳的溫暖。你可以明白雙腿的溫暖，你也可以明白整個身體的溫暖。而且你可以……繼續經驗這種溫暖的感覺發展下去。（是的套組與使用預設前提的嵌入命令）而這些溫暖的感覺可以如此有趣，然後，你可能會注意到這些

溫暖的感覺可以如何開始改變……開始移動……開始……向內發展。你的意識可以注意到這些溫暖，同時你的無意識可以注意到舒服的發展……以你覺得正確的方式。（解離陳述）它們可能會開始愉快地演變……而你不需要注意到所有的感覺。然而當你開始實現溫暖的感覺，你可以做一個深呼吸，並且真的更為深刻地經驗到舒服的發展。（隱含原因）

　　注意到催眠語言的加入使催眠引導變成多層次，同時也增加了達到目標現象的機會。穿插使用催眠語言，就是在個案的舞台上放置新的現象學道具。治療方向也可以透過直接或間接的語言形式鋪陳在催眠引導中。

　　催眠語言可以被視為一種進階的引導裝置。其他的引導裝置包括「量身訂做」，則讓表達性催眠引導方法成為更複雜的編織。此外還有許多其他裝置可以加入，讓引導歷程更為精煉與豐富，並更佳地達成目標現象。就好比學習舞蹈，當學會基本的舞步以後，就可以增加其他的元素以創造引人注目的多層次藝術。

　　總結來說，ARE 模式是創造入神狀態的基本架構，這章描述了許多吸引裝置與技術。催眠引導可以和接續的治療相呼應，也可以是啟動治療的媒介。

第十三章

總結按語

　　畫家有調色盤和畫布，可以從中創造他們的藝術。詩人有文字和紙張。作曲家有音調、音色、節奏與和聲。

　　治療師有許多溝通工具，包括手勢、表情、韻律、語氣和節奏。學習催眠能教導治療師使用更多的輸出管道，以創造催眠與治療效果。他們學會構建喚醒式溝通。

　　學習催眠也能發展臨床工作者的「狀態」。治療師採取的現象學姿態，部分取決於他們的理論偏好。這些姿態可以被視為「狀態」而不是技術。技術是從治療師採取的姿態演變而來的。

　　學習催眠有助於治療師發展獨特而有效的「狀態」。本書中交織著許多治療師的「狀態」，包括：順勢而為、引導導向、精確、策略性、經驗性和量身訂做。

　　透過學習催眠，治療師學習新的方針。臨床工作者還能學會在多個層面上進行溝通，也能學會有系統地介入。本書中倡導的系統性考慮之一是，「不要處理類別，而要面向組成的成分。」不要試圖誘發催眠，而是誘發組成成分；讓個案自己建立類別。一旦掌握了催眠，這個方針就可以應用於任何以誘發「狀態」為目標的情況。

　　如果你練習催眠引導，你將會發展出新的姿態。這麼做將提高

你臨床工作的有效性，這麼做將改善你的溝通效能，這麼做將改善你的生活。

致謝

　　許多人的幫助對本書的創作貢獻甚鉅，我無法充分表達我的感激之情。

　　還有許多同事對我的思想產生了深遠的影響，在此無法一一提及。然而，我將列舉幾個直接認識艾瑞克森醫師的人，包括史蒂芬·蘭克頓（Stephen Lankton）、恩尼斯特·羅西（Ernest Rossi）、比爾·歐漢龍（Bill O'Hanlon）、布倫特·吉爾利（Brent Geary）和史蒂芬·吉利根（Stephen Gilligan）。而麥克·雅普克（Michael Yapko）和丹·肖特（Dan Short）雖然沒有榮幸見到艾瑞克森醫師，卻是推動艾瑞克森式實踐的關鍵人物。這些專家對我產生了極大的影響，也對艾瑞克森醫師的相關文獻作出了不可估量的貢獻。我特別感謝布倫特·吉爾利，他擔任米爾頓艾瑞克森基金會密集培訓計畫的組織者已有二十五年。他是艾瑞克森催眠基礎知識無以倫比的老師，我們的合作極大地形塑了我的思想。我的前妻莉莉安·博格斯（Lilian Borges）也在密集培訓計畫任教，她對艾瑞克森式實踐做出了重大貢獻，她的觀點與我的想法密不可分地呈現在本書中。

　　我的主要專業活動之一是組織會議，包括艾瑞克森取向催眠與心理治療國際大會。自 1980 年以來，已經舉行了十一次大會。我研究了許多在大會中授課講師的工作，我確信他們的想法也出現在

這本書中。

此外，在過去三十五年裡參加我工作坊的學生也影響了我的思維。許多工作坊都是由艾瑞克森機構推廣辦理的，現在全世界有一百四十多個機構。

艾瑞克森基金會的工作人員為促進其使命作出了不懈努力。已故的工作人員包括蘇珊·維拉斯科（Susan Velasco）、珍妮·埃爾德（Jeanine Elder）、芭芭拉·貝拉米（Barbara Bellamy）和西爾維亞·考恩（Sylvia Cowen）。洛里·維爾斯（Lori Weiers）是前任工作人員，洛里和芭芭拉都曾幫助組建此稿件。我們目前的工作人員包括：查克·拉金（Chuck Lakin）、錢德拉·拉金（Chandra Lakin）、卡倫·哈維利（Karen Haviley）、史泰西·摩爾（Stacey Moore）、雷切爾·希普瓦什·吳（Rachel Shipwash Wu）、瑪妮·麥甘（Marnie McGann）、馬修·布拉曼（Matthew Braman）、克莉斯蒂娜·欽（Christina Khin）、弗雷德·黃（Fred Huang）及凱莉·瓦卡洛（Kayleigh Vaccaro）。作為行銷和出版總監，查克·拉金對基金會的成功起到了重要作用。他為本書（原文版）設計了封面。

本書的編輯工作得到了康妮·唐納森（Connie Donaldson）、瑪妮·麥甘（Marnie McGann）和蘇西·塔克（Suzi Tucker）的協助。認識蘇西是我生命中的一件幸運。

我永遠感謝費爾南多·阿爾門達雷斯（Fernando Almendarez）在謄打和更正方面的服務。

艾瑞克森家族的成員一直是艾瑞克森基金會的堅定支持者。我特別感謝克莉絲蒂娜·艾瑞克森（Kristina Erickson）和羅珊娜·艾瑞克森·克萊恩（Roxanna Erickson Klein）多年來的支持。

延伸閱讀

- 《存在催眠治療》（2022），李維倫，心靈工坊。

- 《懂得的陪伴：一個資深心理師的心法傳承》（2022），曹中瑋，心靈工坊。

- 《助人者練心術：自我提升的 60 個增能練習》（2021），傑弗瑞・薩德（Jeffrey. K. Zeig），心靈工坊。

- 《催眠療癒：啟動潛意識力量，擺脫負面暗示，讓你夢想成真》（2022），大嶋信賴，世茂。

- 《心理學家的面相術：解讀情緒的密碼》（2021），保羅・艾克曼（Paul Ekman），心靈工坊。

- 《喚醒式治療：催眠・隱喻・順勢而為》（2020），傑弗瑞・薩德（Jeffrey. K. Zeig），心靈工坊。

- 《催眠和你想的不一樣》（2020），唐道德，商周。

- 《經驗式治療藝術：從艾瑞克森催眠療法談起》（2019），傑弗瑞・薩德（Jeffrey. K. Zeig），心靈工坊。

- 《我們之間：薩提爾模式婚姻伴侶治療》（2019），成蒂，心靈工坊。

- 《當我遇見一個人：薩提爾精選集 1963-1983》（2019），約翰・貝曼（John Banmen）編，心靈工坊。

- 《短期團體心理治療：此時此地與人際互動的應用》（2018），

歐文・亞隆（Irvin D. Yalom），心靈工坊。

- 《催眠之聲伴隨你》（2016），米爾頓・艾瑞克森（Milton H. Erickson）、史德奈・羅森（Sidney Rosen），生命潛能。
- 《生生不息催眠聖經：創造性流動的體驗之旅》（2015），史蒂芬・紀立根（Stephen Gilligan），世茂。
- 《不尋常的治療：催眠大師米爾頓・艾瑞克森的策略療法》（2012），傑・海利（Jay Haley），心靈工坊。
- 《讓潛意識說話：催眠治療入門》（2014），趙家琛、張忠勛，心靈工坊。
- 《催眠治療實務手冊》（2014），蔡東杰，心靈工坊。
- 《愛與生存的勇氣：自我關係療法的詮釋與運用》（2005），史蒂芬・吉利根（Stephen Gilligan），生命潛能。
- 《艾瑞克森：天生的催眠大師》（2004），傑弗瑞・薩德（Jeffrey K. Zeig），心靈工坊。
- 《跟大師學催眠：米爾頓・艾瑞克森治療實錄》（2004），傑弗瑞・薩德（Jeffrey K. Zeig），心靈工坊。

參考文獻

Ackstein, D. (1973). Terpsichoretrancetherapy: A new hypnopsycho-
therapeutic method. The International Journal of Clinical and
Experimental Hypnosis, 21(3), 131-143.

Bandler, R., & Grinder, J. (1975). Patterns of the hypnotic techniques of
Milton H. Erickson, MD (vol. 1). Cupertino, CA: Meta Publications.

Barber, T. X. (1969). Hypnosis: A scientific approach. New York, NY:
Brunner/Mazel.

Battino, R., & South, T. L. (1999). Ericksonian approaches: A comprehen-
sive manual. Bethel, CT: Crown House Publishing.

Beahrs, J. O. (1971). The hypnotic psychotherapy of Milton H. Erickson.
American Journal of Clinical Hypnosis, 14(2), 73-90.

Berne, E. (1972). What do you say after you say hello: The psychology of
human destiny. New York: Grove Press.

Bernheim, H. (1889). Suggestive therapeutics: A treatise on the nature and
uses of hypnosis. New York, NY: G. P. Putnam's Sons.

Bramwell, J.M. (1903). Hypnotism: Its history, practice and theory. New
York, NY: The Julian Press, Inc.

Brenman, M., & Gill, M. M. (1947). Hypnotherapy: A survey of the
literature. New York, NY: International Universities Press.

Chabris, C. F. & Simons, D. J. (2009). The invisible gorilla: And other ways our intuitions deceive us. New York, NY: Crown.

Cheek, D. B. (1962). Some applications of hypnosis and ideomotor questioning methods for analysis and therapy in medicine. American Journal of Clinical Hypnosis, 5(2), 92-104.

Cheek, D. B., & LeCron, L. M. (1968). Clinical hypnotherapy. New York, NY: Grune & Stratton.

Cheek, D. B. (1994). Hypnosis: The application of ideomotor techniques. Boston, MA: Allyn and Bacon.

Cialdini, R. B. (2009). Influence: Science and practice. Boston: Pearson Education.

Conn, J. (1982). The myth of coercion under hypnosis. In J.K. Zeig (Ed.), Ericksonian Psychotherapy (Vol. I) (pp. 357-368). New York, NY: Brunner/Mazel.

Cooper, L. F., & Erickson, M. H. (1959). Time distortion in hypnosis: An experimental and clinical investigation (2nd ed.). Baltimore, MD: Williams & Wilkins.

de Shazer, S. (1988). Utilization: The foundation of solutions. In J. K. Zeig & S. R. Lankton (Eds.), Developing Ericksonian therapy: State of the art (pp. 112-124). New York, NY: Brunner/Mazel.

Dolan, Y. (1985). A Path with Heart: Ericksonian Utilization with Resistant and Chronic Patients. Levittown, PA: Brunner/Mazel.

Edgette, J. H., & Edgette, J. S. (1995). The handbook of hypnotic phenomena in psychotherapy. New York, NY: Brunner/Mazel.

Edmonston, W. E. (1981). Hypnosis and relaxation: Modern verification of an old equation. New York: Wiley.

Erickson, M. H., Haley, J., & Weakland, J. H. (1959). A transcript of a trance induction with commentary. American Journal of Clinical Hypnosis, 2, 49-84.

Erickson, M.H. (1964). The confusion technique in hypnosis. American Journal of Clinical Hypnosis, 6(3).

Erickson, M. H. (1964). Pantomime techniques in hypnosis and the implications. American Journal of Clinical Hypnosis, 7 (1), 64-70.

Erickson, M. H., Rossi, E. L., & Rossi, S. (1976). Hypnotic realities: The induction of clinical hypnosis and forms of indirect suggestion. New York, NY: Irvington.

Erickson, M. H., & Rossi, E. L. (1979). Hypnotherapy: An exploratory casebook. New York, NY: Irvington Publishers.

Erickson, M. H., & Rossi, E. L. (1981). Experiencing hypnosis: Therapeutic approaches to altered states. New York, NY: Irvington.

Erickson, M. H., & Rosen, S. (1982). My voice will go with you: The teaching tales of Milton H. Erickson, M.D. New York, NY: Norton.

Erickson, M. H., & Rossi, E. L. (1989). The February man: Evolving consciousness and identity in hypnotherapy. New York, NY: Routledge.

Erickson, M. H., & Erickson, E. M. (2008). Concerning the nature and character of posthypnotic behavior. In E. L. Rossi, R. EricksonKlein, & K. L. Rossi (Eds.), The collected works of Milton H. Erickson,

M.D., volume 2: Basic hypnotic induction and suggestion (pp. 263-300). Phoenix, AZ: The Milton H. Erickson Foundation Press.

Erickson, M. H., & Rossi, E. L. (2008). Varieties of double bind. In E. L. Rossi, R. Erickson-Klein, & K. L. Rossi (Eds.), The collected works of Milton H. Erickson, M.D., volume 2: Basic hypnotic induction and suggestion (pp. 161-180). Phoenix, AZ: The Milton H. Erickson Foundation Press.

Erickson, M. H. (2010). An experimental investigation on the possible antisocial use of hypnosis. In E. L. Rossi, R. Erickson-Klein, & K. L. Rossi (Eds.), The collected works of Milton H. Erickson, M.D., volume 8: General and historical surveys of hypnosis. Phoenix, AZ: The Milton H. Erickson Foundation Press.

Fromm, E., & Brown, D. P. (1986). Hypnotherapy and hypnoanalysis. Hillsdale, NJ: Lawrence Erlbaum Associates, Inc.

Geary, B. B. (1994). Seeding responsiveness to hypnotic processes. In J. Zeig (Ed.), Ericksonian methods: The essence of the story (pp. 295-314). New York, NY: Brunner/Mazel.

Geary, B. B. & Zeig, J. K. (2002). The handbook of Ericksonian therapy. Phoenix, AZ: Zeig, Tucker & Theisen Inc.

Gibbons, D. E. (1979). Applied Hypnosis and Hyperempiria. American Journal of Clinical Hypnosis, 24(1), 68-68.

Gill, M. M., & Brenman, M. (1959). Hypnosis and related states: Psychoanalytic studies in regression. New York, NY: International Universities Press.

Gilligan, S. G. (1987). Therapeutic trances: The cooperation principle in Ericksonian hypnotherapy. Philadelphia, PA: Brunner/Mazel. Gilligan, S. G. (1988). Symptom phenomena as trance phenomena. In J. Zeig & S. Lankton (Eds.), Developing Ericksonian psychotherapy: A state of the art. New York, NY: Brunner/Mazel.

Greenleaf, E., & McCartney, L. R. (2000). A wicked witch. In E.

Greenleaf (Ed.), The problem of evil. Phoenix, AZ: Zeig, Tucker & Theisen, pp. 22-36.

Gruenewald, D., Fromm, E., & Oberlander, M.I. (1972). Hypnosis and adaptive regression: An egopsychological inquiry. In E. Fromm & R.E. Shor (Eds.), Hypnosis: Research developments and perspectives (pp. 495-509). Chicago, IL: Aldine-Atherton.

Haley, J. (1973). Uncommon therapy: The psychiatric techniques of Milton H. Erickson, M.D. New York, NY: Norton.

Haley, J. (1984). Ordeal therapy. San Francisco: Jossey-Bass.

Haley, J. (1990). Strategies of psychotherapy. Bethel, CT: Crown House Publishing Company.

Hilgard, E. R. (1968). The experience of hypnosis. New York, NY: Harcourt, Brace & World.

Hilgard, E. R., & Hilgard, E. R. (1977). Divided consciousness: Multiple controls in human thought and action. New York: Wiley.

Kershaw, C. J. (1992). The couple's hypnotic dance: Creating Ericksonian strategies in marital therapy. New York, NY: Brunner/Mazel. Kihlstrom, J. F., & Evans, F. J. (1979). Memory retrieval processes during posthypnotic amnesia. Functional disorders of memory. Hillsdale, NJ: Erlbaum, 179-218.

Kirsch, I. (2011). The altered state issue: Dead or alive? The International Journal of Clinical and Experimental Hypnosis, 59(3), 350-362.

Kleinhauz, M. (1982). Ericksonian techniques in emergency dehypnotization. In J. K. Zeig (Ed.), Ericksonian approaches to hypnosis and psychotherapy. New York, NY: Brunner/Mazel.

Kroger, W. S. (1977). Clinical and experimental hypnosis in medicine, dentistry, and psychology. Philadelphia: Lippincott.

Lankton, S. R., & Lankton, C. H. (1983). The answer within: A clinical framework of Ericksonian. Bethel, CT: Crown House Publishing.

Maslach, C., Marshall, G., & Zimbardo, P. (1972). Hypnotic control of peripheral skin temperature: A case report. Psychophysiology, 9, 600-605.

Milgram, S. (1963). Behavioral study of obedience. The Journal of Abnormal and Social Psychology, 67(4), 371-378.

Milton H. Erickson Foundation, Inc. (Producer). (1983). The Process of hypnotic induction: Milton Erickson, M.D. [DVD]. Available from www.erickson-foundation.org/product/the-process-ofhypnoticinduction-dvd/Nemetschek, P. (2012). Milton Erickson lives! A personal encounter. Phoenix, AZ: The Milton H. Erickson Foundation Press.

O'Hanlon, W. H. (1987). Taproots: Underlying principles of Milton Erickson's therapy and hypnosis. New York, NY: Norton.

O'Hanlon, W. H., & Weiner-Davis, M. (1989). In search of solutions: A new direction in psychotherapy. New York, NY: Norton.

O'Hanlon, W.H., & Martin, M. (1992). Solution-oriented hypnosis: An Ericksonian approach. New York, NY: Norton.

Orne, M. T. (1959). The nature of hypnosis: Artifact and essence. The Journal of Abnormal and Social Psychology, 58(3), 277.

Overlade, D. C. (1976). The product of fasciculations by suggestion. The American Journal of Clinical Hypnosis, 19(1), 50-51.

Pettinati, H. M. (1982). Measuring hypnotizability in psychotic patients. The International Journal of Clinical and Experimental Hypnosis, 30(4), 404-416.

Pyun, Y. D. (2013). The effective use of hypnosis in schizophrenia: Structure and strategy. The International Journal of Clinical and Experimental Hypnosis, 61(4), 388-400.

Richeport, M. (1982). Erickson's contribution to anthropology. In J. Zeig (Ed.), Ericksonian approaches to hypnosis and psychotherapy. New York, NY: Brunner/Mazel.

Rossi, E. L., & Cheek, D. B. (1988). Mind-body therapy: Methods of ideodynamic healing in hypnosis. New York, NY: Norton.

Ruesch, J., & Bateson, G. (1951). Communication: The social matrix of psychiatry. New York, NY: Norton.

Sacerdote, P. (1970). An analysis of induction procedures in hypnosis. American Journal of Clinical Hypnosis, 12(4), 236-253.

Sarbin, T. R., & Coe, W. C. (1972). Hypnosis: A social psychological analysis of influence communication. New York, NY: Holt, Rinehart and Winston.

Scagnelli, J. (1977). Hypnotic dream therapy with a borderline schizo-
    phrenic: A case study. American Journal of Clinical Hypnosis, 20(2),
    136-145.

Scagnelli, J. (1980). Hypnotherapy with psychotic and borderline patients:
    The use of trance by patient and therapist. American Journal of
    Clinical Hypnosis, 22(3), 164-169.

Shor, R. E. (1959). Hypnosis and the concept of the generalized realityori-
    entation. American Journal of Psychotherapy, 13.

Spiegel, H. (1970). A single treatment method to stop smoking using
    ancillary self-hypnosis. International Journal of Clinical and Experi-
    mental Hypnosis, 18,235-250.

Spiegel, H., & Spiegel, D. (1978) Trance and treatment: Clinical uses of
    hypnosis. New York, NY: Basic Books.

Tart, C. T. (1972). Measuring the depth of an altered state of conscious-
    ness, with particular reference to self-report scales of hypnotic depth.
    In E. Fromm & R. E. Shor (Eds.), Hypnosis: Research developments
    and perspectives. Chicago, IL: Aldine-Atherton.

Tart, C. T. (1975). States of consciousness. New York, NY: EP Dutton.

Thompson, K. F. (1988). Motivation and the multiple states of trance. In
    J. K. Zeig & S. R. Lankton (Eds.), Developing Ericksonian Therapy:
    State of the Art (pp. 149-163). New York, NY: Brunner/Mazel. Wark,
    D. M. (1998). Alert hypnosis: History and applications. In W. J.
    Matthews & J. H. Edgette (Eds.), Creative thinking and research in

brief therapy: Solutions, strategies, narratives, volume 2 (pp. 287-306). Philadelphia, PA: Brunner/Mazel.

Watzlawick, P., Weakland, J. H., & Fisch, R. (1974). Change: Principles of problem formulation and problem resolution. New York, NY: W.W. Norton & Co.

Watzlawick, P. (1985). Hypnotherapy without trance. In J. Zeig (Ed.), Ericksonian psychotherapy, volume I: Structure (pp. 5-14). New York, NY: Brunner/Mazel.

Weitzenhoffer, A. M. (1953). Hypnotism: An objective study in suggestibility. New York, NY: Wiley.

Weitzenhoffer, A. M., & Hilgard, E. R. (1962). Stanford Hypnotic Susceptibility Scale, Form C. Palo Alto, Calif.: Consulting Psychologists Press. Weitzenhoffer, A. M. (1989). The practice of hypnotism. New York, NY: Wiley.

Weitzenhoffer, A. M. (1994). Ericksonian myths. In J. K. Zeig (Ed.), Ericksonian methods: The essence of the story (pp. 227-239). New York, NY: Brunner/Mazel. Yapko, M. D. (1984). Trancework: An introduction to clinical hypnosis. New York, NY: Irvington Publishers.

Yapko, M. D. (1985). The Erickson hook: Values in Ericksonian approaches. In J.K. Zeig (Ed.), Ericksonian psychotherapy, volume I: Structure. New York, NY: Brunner/Mazel.

Yapko, M. D. (1994). Memories of the future: Regression and suggestions of abuse. In J.K. Zeig (Ed.), Ericksonian method: The essence of the story (pp. 483-494). New York, NY: Brunner/Mazel.

Zeig, J.K. (1974). Hypnotherapy techniques with psychotic inpatients. American Journal of Clinical Hypnosis, 17, 56-59.

Zeig, J. K. (1980). Teaching seminar with Milton H. Erickson. New York, NY: Brunner-Routledge.

Zeig, J. K. (1982). Ericksonian approaches to cigarette smoking. In J. K.

Zeig (Ed.), Ericksonian approaches to hypnosis and psychotherapy. New York, NY: Brunner/Mazel.

Zeig, J. K. (1985). Experiencing Erickson: An introduction to the man and his work. New York, NY: Brunner/Mazel.

Zeig, J. K. (1985). The clinical use of amnesia: Ericksonian methods. In J. K. Zeig (Ed.), Ericksonian psychotherapy, volume I: Structure. New York, NY: Brunner/Mazel.

Zeig, J.K. (1987). Therapeutic patterns of Ericksonian influence communication. In J.K. Zeig (Ed.), The Evolution of Psychotherapy. New York: Brunner/Mazel.

Zeig, J. K. (1988). An Ericksonian phenomenological approach to therapeutic hypnotic induction and symptom utilization. In J. K. Zeig & S. R. Lankton (Eds.), Developing Ericksonian therapy: State of the art (pp. 353-375). New York, NY: Brunner/Mazel.

Zeig, J. K. (1988). The grammar of change: An Ericksonian orientation. Journal of Integrative & Eclectic Psychotherapy, 7(4), 410-414.

Zeig, J. K. (1990). Seeding. In J. K. Zeig and S. G. Gilligan (Eds.), Brief therapy: Myths, Methods, and Metaphors (pp. 221-246). New York, NY: Brunner/Mazel.

Zeig, J. K. & Geary, B. B. (2000). The letters of Milton Erickson. Phoenix, AZ: Zeig, Tucker & Theisen Inc.

PsychoTherapy 061

催眠引導：讓改變自然發生的心理治療藝術
The Induction of Hypnosis: An Ericksonian Elicitation Approach

傑弗瑞·薩德（Jeffrey K. Zeig PhD）——著
洪偉凱、黃天豪——譯

出版者—心靈工坊文化事業股份有限公司
發行人—王浩威　總編輯—徐嘉俊
執行編輯—趙士尊　封面設計—羅文岑
內頁排版—龍虎電腦排版股份有限公司
通訊地址—10684台北市大安區信義路四段53巷8號2樓
郵政劃撥—19546215　戶名—心靈工坊文化事業股份有限公司
電話—02）2702-9186　傳真—02）2702-9286
Email—service@psygarden.com.tw　網址—www.psygarden.com.tw

製版·印刷—彩峰造藝印像股份有限公司
總經銷—大和書報圖書股份有限公司
電話—02）8990-2588　傳真—02）2290-1658
通訊地址—248新北市新莊區五工五路二號
初版一刷—2022年10月　ISBN—978-986-357-254-1　定價—480元

國家圖書館出版品預行編目(CIP)資料

催眠引導：讓改變自然發生的心理治療藝術/傑弗瑞.薩德(Jeffrey K. Zeig)著；
　洪偉凱、黃天豪譯. -- 初版. -- 臺北市：心靈工坊文化事業股份有限公司, 2022.10
　面；　公分
　譯自：The induction of hypnosis : an Ericksonian elicitation approach.
　ISBN 978-986-357-254-1(平裝)

1.CST: 催眠　2.CST: 催眠術　3.CST: 催眠療法　4.CST: 心理治療

175.8　　　　　　　　　　　　　　　　　　　　　　　　111016404